EL GERENTE, UN PUESTO NO RECOMENDABLE

ExLibric

JOSÉ LUIS SÁNCHEZ-GARRIDO Y REYES

EL GERENTE, UN PUESTO
NO RECOMENDABLE

EXLIBRIC

ANTEQUERA 2020

JOSÉ LUIS SÁNCHEZ-GARRIDO Y REYES

EL GERENTE, UN PUESTO NO RECOMENDABLE

A mi queridísimo hermano Antonio, estupendo empresario, al que tanto echo de menos. Teníamos previsto y hablado en muy numerosas ocasiones que a mi retorno a Antequera tendríamos largas conversaciones filosóficas, sin límite de tiempo y con una cerveza por delante, sobre los negocios, la vida y el mundo, habida cuenta de que antes no pudo ser por no vivir yo en Antequera. Nos encantaba hablar a ambos y nos pasaban rápidamente las horas juntos.

Muy lamentablemente, volví demasiado tarde.

PRÓLOGO

Deberías leer este libro.

Sencillamente.

Deberías leer este libro para desaprender.

Deberíamos las generaciones más jóvenes de empresarios y gestores leer este libro porque nos sacudirá de un plumazo todo el compendio gratuito de consejos numerados y clonados hasta el infinito con el que nos machacan diariamente: las diez claves para…, los mejores consejos…, con referencias grandiosas de triunfadores (Apple, Facebook, Coca-Cola…) a quienes debemos emular religiosamente para lograr el éxito porque en ellos está la única verdad.

Pero el negocio de la vida es otra cosa, no es una infografía digital. Está cimentado para la mayoría de los mortales en ausencias, dolores de estómago, preocupaciones, nervios, incertidumbres, miedos y fracasos. El éxito no es superarlos, sino aceptarlos como una parte inherente a tu existencia. El éxito es seguir adelante a pesar de ellos. No se gana, solo se resiste.

Quizás no te guste esta otra cara de la moneda, pero cualquier otra cosa que te puedan contar sobre el mundo empresarial no será una verdad completa. Los buenos gerentes y empresarios son antes que nada gestores expertos del sufrimiento. Para esto no hay un máster ni ciclos formativos; o vales o no vales. Un empresario que no sufre no es un superhombre, es una temeridad de la que hay que desconfiar.

Este libro es una joya porque no hay nada incierto en él por una sencilla razón: está escrito al final del camino. Y no hay palabras suficientes en este prólogo que puedan condensar el número de horas infinitas de trabajo en las que está sumergido a lo largo de toda una vida de absoluta entrega. Podremos estar de acuerdo o no, poco importa. Ha sido así. Lo sé bien porque soy el hijo del autor de este libro y mis nanas en la infancia ya eran el eco del teclado de una máquina de escribir que se colaba en mi cuarto desde el despacho de mi padre en las madrugadas.

Te llevarás las manos a la cabeza, supongo, cuando leas que las empresas no están hechas para ganar dinero o que delegar puede ser un error absoluto. Estas aseveraciones no están en el catálogo de oraciones y mantras que se comparten devotamente en LinkedIn y suponen una herejía en contra de los modelos que hemos asumido como verdades incontestables.

Una de las lecciones se resume en este extracto:

> «Una vez le dije a mi presidente: *"El año ha ido mal; no ha llovido y las cosas no han salido bien"*. Me contestó: *"José Luis, no me vengas con justificaciones. Debías haber previsto la sequía"*. *Y estoy de acuerdo, llevaba razón. Hay que prever lo impredecible. Parece una barbaridad, pero no es así»*.

Y digo una de las lecciones porque, desde mi posición ahora de pequeño empresario, mientras escribo estas líneas en plena crisis por la COVID reflexiono sobre la misma y me pregunto desconcertado: ¿acaso tenía que haberlo previsto? ¿Tenía que haber previsto que un virus mutante alojado en el cuerpo de un murciélago podría saltar a un humano en algún mercado remoto de China y paralizar luego a un mundo entero? Sí, tenía que haber previsto que cualquier catástrofe ajena a mi control podría poner en riesgo mi negocio y debería haber estado preparado para ello. La culpa no es de los chinos ni del virus ni del murciélago, que no está en nómina. La culpa es de la falta de previsión. Y esa es una responsabilidad gerencial.

Confío en que disfrutéis de la lectura de este libro y nos sirva cuando menos para cuestionar a tanto gurú artificiosamente avezado de la industria comercial digital del *copy and paste*, que certifica conocer todos los secretos del éxito, pero jamás ha estado al frente de una empresa.

Tampoco os desaniméis en exceso, gerentes o futuros gerentes. Como dice el autor, hay todavía un puesto peor: el de empresario.

José Luis Sánchez-Garrido García
Pequeño empresario e hijo del autor de este libro
Sevilla, 19 de septiembre de 2020

PREÁMBULO

Retirado de mi trabajo (pensaba que nunca iba a llegar, pero todo llega), vuelto a mis orígenes de Antequera y en las postrimerías de mi vida, he ido de vez en cuando tomando alguna nota y reflexión, durante 2019 y la primera mitad de 2020, sobre el puesto de gerente al tener experiencia en ello por haber ocupado puesto directivo (también muchos años el de gerente) y tener bastantes amigos con iguales o similares cargos. Posteriormente las he ordenado y refinado.

He procurado no quitar ninguna, aunque hubiese sido lo normal, pero no quería dejar en la papelera diversos pensamientos que ya había escrito. Seguro que faltan muchos y otros que se exponen pueden ser cuestionados, pero escribo con el pensamiento y con el corazón y punto. Y, por supuesto, con el ánimo de no molestar absolutamente a nadie. Así que me parece mejor dejar las cosas como las hice en primera instancia, no incluir más asuntos ni tampoco quitar. Es lo más espontáneo, lo más sincero. Lo que se escribe de forma directa es lo auténtico, sin quitar su sabor puliendo.

Por si alguno puede sacar deducciones de mi experiencia, yo he sufrido mucho con mi trabajo, aunque obviamente he tenido buenos momentos. Quizá fuese un puesto que siempre deseé y cuando lo tuve me pesó y mucho, más bien muchísimo. Quizá es que no sirviese para ello (probablemente) y me costó mucho aprender, no decaer y terminar con la cabeza alta. Aunque en general parece que lo hice bien. A los que me hayan podido decir otra cosa los he olvidado.

Índice

PRÓLOGO: José Luis Sánchez-Garrido García (mi hijo, gerente de En Efecto 3D) 11

PREÁMBULO 15

1. Introducción 19

2. Política y empresa 25

3. Los accionistas 39

4. El equipo directivo 57

5. La plantilla 73

6. Las empresas subcontratadas 99

7. Los asesores 101

8. Créditos y cobros 105

9. La administración de la empresa 109

10. La fabricación y la calidad 115

11. Sobre ventas 119

12. Sobre compras 127

13. La informática y la gestión 131

14. El *marketing* y la publicidad 137

15. La planificación 145

16. Los certámenes y la competencia 153

17. Innovaciones 157

18. Miedos y zozobras del gerente 173

19. Las decisiones 179

20. Las inversiones 185

21. Recomendaciones y características del gerente 187

22. La jubilación del gerente... 209

23. El empresario 229

24. Reflexiones casi finales... 233

25. Algunas frases 241

Epílogo... 245

Hay capítulos amplios y otros muy breves, pero bueno, este libro es así. Es lo que hay.

1. INTRODUCCIÓN

El nombre del libro es debido a que, en general, el puesto de gerente a veces (no siempre) se ve como un puesto «envidiado o deseado» y es un puesto bastante precario por lo general. Que sea «deseado» es, sin duda, por falta de información. Es normal y lógico que sus emolumentos sean superiores a los otros puestos de la empresa, pero ¿ello compensa? Yo parto de la base de que si volviera a nacer seguiría la misma senda. Soy un poco raro, pero es así.

Creo que, sencillamente, los gerentes son a lo mejor una raza diferente. No todos sirven, lo cual no quiere decir que sean para nada superiores a los demás, sino que se requieren ciertas peculiaridades no habituales.

Hay personas inteligentes a las que les ofreces este puesto y no lo quieren (yo lo he vivido) y otras ingenuas y soñadoras que lo aceptan. En muchos casos (mejor dicho, en la mayoría) se estrellan de forma habitual. Con ello no me refiero al grupo donde he trabajado, sino en general a muchas empresas. Yo lo he visto a lo largo de los años. Es un puesto que les viene como anillo al dedo a los que son un poco masoquistas, como es el caso del que escribe ahora, sinceramente.

Es el puesto de gerente y el de los directivos de primer nivel un tanto híbrido; no eres, evidentemente, para nada dueño, pero tampoco un empleado normal. Estás en medio como empleado y se reciben bofetadas por todos los lados, palos y decepciones de todos los colores y a lo mejor, de casualidad, alguna alegría que, lógicamente, no te corresponde a ti. Las mismas son debidas al equipo. Concepto este, el de equipo, muy de moda en la actualidad. ¡Todo lo hace el equipo! Pero los equipos se amparan en un líder, el entrenador, el gerente. Está muy de moda que ante cualquier halago personal se responda: «No, no, no es así. Esto que me comentas y por lo que me felicitas no he sido yo. ¡Es el equipo!». Es también una forma de parecer modesto, pues otra no se admite, y eso en alta medida no es real. El equipo será muy bueno, como todos los equipos del mundo por lo general, pero si no hay un buen líder el equipo no gana la liga y puede descender.

Es un puesto que se presta mucho al divorcio del matrimonio. En mi caso, milagrosamente, no ha sucedido por suerte, quizá porque mi mujer ha estado trabajando conmigo y ha visto minuto a minuto los avatares (no le veo otra explicación) y porque somos un matrimonio de los antiguos, que nunca nos hemos cuestionado el separarnos. He visto que ello a mí no me interesaba. Hoy día estar trabajando de media trece o catorce horas al día creo que no hay matrimonio que lo aguante. Y las grandes obras requieren grandes esfuerzos o mucha suerte, pero a mí jamás me ha tocado para nada la lotería del ganar. Como soy torpe, cualquier cosa que he hecho me ha costado mucho trabajo. Del mundo de los listos, guapos y brillantes no puedo hablar; estoy en las antípodas de ello.

El gerente tiene que echar muchas horas de trabajo por lo general. No conozco excepciones, salvo que tengan una inteligencia superior, pero no es mi caso. Esto de que es cosa de saber organizarse y otras lindezas es todo mentira, una solemne mentira, una burda justificación. Normalmente, la falta de gran inteligencia se suple con horas de trabajo. Yo a los inteligentes que he visto son porque han trabajado mucho. También en las revistas de vez en cuando aparecen casos excepcionales, suponiendo que lo que dicen las mismas sea cierto, que es seguro que sea falso.

Le ocurre al gerente, sencillamente, que tiene una serie de temas muy numerosos y nada más, por mucho que delegue y otras historias que te explican en los cursos de supervisión donde te dicen cómo tienes que ser tú (cuando, probablemente, el monitor no lo ha hecho nunca) y te embelesan con discursos geniales y ocurrentes, que para ello cobran.

Los problemas hacen no dormir al gerente muchas noches y tener pesadillas, levantándose, por consiguiente, muy cansado. Si eres joven, tu mujer no trabaja contigo y tienes niños pequeños, entonces el tema es aún más que complicado. No se te comprenderá nunca y serás señalado en casa como un ser egoísta, que no se preocupa por la familia y que está fuera, sospechosamente, demasiadas horas. Al hablar de gerente hablo de gerente o de gerenta. Hablo del puesto, no del género.

Los desórdenes emocionales y el sedentarismo, la tensión y las comidas de negocios hacen que engordes y te pongas fofo y lento mucho más apresuradamente de lo esperado, aparte de feo. Incluso pierdes algo de humor y la consecuencia lógica de toda esta situación es que te mueras antes, irremediablemente.

Además, el gerente está sujeto a ser despedido de forma rápida, quizá es el más claro despido si la empresa no va bien. Es lo primero que hay que hacer en la mayoría de los casos. Pues vendrá otro por lo general peor. Es lo que suele ocurrir.

Así que se quema uno la vida y después no está nada claro que se pueda recuperar la salud en la jubilación. Por ello, al que le guste no sabe lo que hace, salvo a los que les gusta o les ha gustado el lío y la tensión. Pero no es normal que a una persona le gusten los problemas, salvo que viva en otro mundo, como ha sido mi caso.

El ritmo de temas es de vértigo, se acumulan muchos y muy variados y se necesita una firmeza y claridad de ideas muy difícil en un mundo tan cambiante como el actual. Si no es así, realmente no se es un gerente aunque se ocupe ese puesto. Si el gerente está cómodo, la empresa seguramente estará bastante incómoda. No bien.

Una vez le dije a mi presidente: «El año ha ido mal; no ha llovido y las cosas no han salido bien». Me contestó: «José Luis, no me vengas con justificaciones. Debías haber previsto la sequía». Y estoy de acuerdo, llevaba razón. Hay que prever lo impredecible. Parece una barbaridad, pero no es así.

Mi presidente me explicaba que su padre le había enseñado que siempre que entrara en una habitación se asegurara de que había, además de la puerta por la que había entrado, otra salida. En las empresas hay que proceder así.

He reseñado puntos y, como cada vez que escribo, a unos les parecerán bien y a otros los mismos puntos les parecerán mal. Es imposible escribir a gusto de todos y yo, desde luego, no lo pretendo. Pretendo escribir a mi gusto, que supongo que en muchos casos (o algunos) disgusta; qué le vamos a hacer, la vida es así. Yo sé claramente que no puedo contentar a todos y que haga lo que haga, desde luego, seré criticado por un número más o menos grueso.

Además, lo hago por afición. Escribo porque sí y si alguien lo lee y le sirve para algo, pues estupendo, me alegro mucho. Si al que lo lea no le parece bien o entiende que es un rollo o que me aparto del tema, pues sencillamente es que no sabe comprenderme. Él se lo pierde. Aunque parezca que muchos puntos no tienen nada que ver, para mí, desde luego, sí que tienen mucho que ver. Pero bueno, ya se sabe: escriba lo que escriba, seré criticado; aunque, ciertamente, es verdad que cada día hay más personas que aplauden mi forma de escribir, hay que decirlo todo.

También hay algunos ingenuos que la critican, pues no saben mucho (estos deben madurar).

También hay otra razón que tengo para escribir. Sé que, por mi edad, el segmento de vida que me queda irremisiblemente es corto y quiero dejar escrito lo que pueda de mi paso por este mundo y que piense que puede ser útil a algunos.

Por supuesto, no minusvaloro a nadie ni mucho menos, aunque se me ha dicho que sí muchas veces, pero el que no me entienda, pues es su problema. Cuento lo que siento y en el orden en que me viene a la mente. Y punto. Es lo que hay. Hay lo que hay. Como gerente he aprendido a base de golpes que no se puede contentar a todos, es una utopía. Sí debes tener tu conciencia contenta. Contentar a todos es una imposibilidad, pues los pensamientos humanos son más que dispares. Solo cabe respetarlos y darles de forma sencilla el tuyo por si lo quieren al menos sopesar. Y sobre todo ser educado con todos aunque no lo sean contigo. Lamentablemente, como humano que soy, también he perdido los nervios (no habitualmente, pero sí en ocasiones concretas), aunque casi siempre he conseguido dominarlos.

Si alguno piensa que puedo estar resentido o que me haya ido mal, pues no tiene ni puñetera idea. A mí me ha ido muy bien (sufriendo muchísimo, pero muy bien) y lo que expongo es mi pensamiento y no debe unirse por ello a las empresas para las que he trabajado, a lo que he alcanzado en las mismas o sentido de otras. Es el cúmulo de experiencias existentes relacionadas con el tema, es mi línea, son mis conclusiones existenciales sobre este puesto de trabajo, algunas de las que me he acordado. De las que no, he de tomar nota, si Dios me da vida, y a lo mejor hacer otro libro. Esto, además, no se acaba nunca.

Amén.

2. POLÍTICA Y EMPRESA

Las relaciones con organismos oficiales e instituciones sociales

Los puntos no son enumerados ni mucho menos por orden de importancia, sino por un orden escalonado que he considerado el más apropiado para su mejor exposición. No vayamos ya a empezar a sacar conclusiones sin haber leído nada. Esperad a dar vuestra opinión al final, no mirando por encima el libro.

El gerente se ve sometido a muchas invitaciones a actos, foros, conferencias, desayunos de trabajo, etc. El problema (aunque le guste ir, sea bueno y venga bien con su agenda) es que no puede, no tiene tiempo disponible y tiene que delegar e ir a alguno que considere de bastante interés estratégico para aprender y buscando siempre que el total invertido en horas sea un porcentaje reducido. Hay gerentes que su tiempo lo dedican en buena medida a ello, por lo cual no gerencian. Solo piensan y aprenden, pero no dirigen. Hay demasiados sitios donde acudir y demasiado poco tiempo para ello. Esto es así. Sería ideal asistir a todos o a muchos, pero es imposible. Hay que seleccionar e ir a algunos (desde luego, siempre ir a algunos, no tomar nunca como norma no ir a ninguno), pues se aprende mucho en los mismos, se sacan conclusiones para la actividad aunque el tema vaya de otra cosa. Esto es esencial, hay que salir y rodearse socialmente con empresarios y gerentes y, en general, con todos. El meterte debajo de la cama es una barbaridad.

La política y la empresa, temas muy opuestos

En política se dan opiniones o se expresan éxitos de forma sesgada para ganar votos; en la empresa esto no existe, no debe existir la política. La política es trabajar lo mejor posible para ser lo más productivo para la empresa. La empresa y la política hacen una mezcla fatal, porque se puede tomar un criterio distinto a los objetivos empresariales por motivos políticos, y esto es nefasto para la empresa y no se debe permitir. En la empresa no debe haber para nada política, sino un trabajo profesionalizado, rigor, compañerismo y un objetivo común. Como entre la política en la empresa, apañados vamos. Las empresas son en sí mismas apolíticas o deben serlo; la empresa no es sitio de ideologías, sino de trabajo. Esto me lo enseñó mi padre cuando chico y fue un buen consejo, como todos los que me dio. Una empresa no es un pensamiento político, ello corresponde libremente a cada persona. La empresa es un ente económico que debe estar sin alinear en ningún sistema político y sí en colaboración con todos. La política de la empresa es la economía, que la misma salga bien y que la empresa pueda desarrollarse, pagar los sueldos y salarios y tener estabilidad. No tiene nada que ver con la política. La empresa como ente social no vota y caben en la misma todas las ideologías. Cuando en una fábrica en vez de mandar el director manda el responsable sindical puede haber problemas muy serios, que pueden llevar a la misma a situaciones extremas, lo cual no deja de ser una barbaridad.

El gerente, como es lógico, tendrá su ideología, pero mejor que la guarde. Que vote a quien vea mejor y punto, pero él representa a la empresa y debe cuidar por la empresa. Sea del partido que sea el alcalde, el Gobierno autonómico, el Gobierno de la nación, etc., él no debe significarse para nada y debe estar mirando por la empresa, que para ello está, y representando a la empresa gobierne quien gobierne. La empresa ha de estar muy por encima de la política. Si quiere política, que se salga de la empresa y se meta en ella.

Las normas estatales

Son para seguirlas los ciudadanos y nada más. Así, en muchos casos las empresas, por ejemplo, se ven entre la espada y la pared y el propio Estado no cumple lo que le afecta y tiene asignado por ley. En muchos casos deberían cambiar las leyes para adaptarlas a la realidad, pues no hay quien multe al Estado como este hace con los ciudadanos y empresas. De alguna forma, debería tener también una penalización, pues las leyes son para todos.

Por ejemplo, se declara un Bien de Interés Cultural (BIC) y ello conlleva a que cuatro días al mes pueda ser visitado por el público. Hay una iglesia en Antequera (Madre de Dios) que es un BIC y lleva con la puerta cerrada desde 2014 y no se puede visitar. Y es que la Administración se trata a sí misma y a las comunidades religiosas y otras entidades con criterios diferentes a aquellos tan estrictos que aplica a las empresas, con las que no hay perdón ni condescendencia, sino sanción. Las empresas son las malas. Esto es escandaloso. Lógicamente, tendrán este pensamiento algunos políticos que nunca han trabajado en una empresa y tienen otra vara de medir, no utilizan la misma para todos. Y la sanción puede ser correcta o incorrecta. Si es incorrecta, pues lo más probable es que te digan que es correcta y punto, por mucho que la hayas claramente explicado. Con la Administración las discusiones, en buena parte, las tienes perdidas antes de empezar a hablar.

La burocracia de la Administración

Es un problema grave en las empresas, los mil y un requerimientos que dimanan de directivas comunitarias, leyes, decretos, órdenes y otras, una enorme lista de requisitos que después es ampliada con más requerimientos por las propias Empresas Colaboradoras de la Administración (ECA), que sustituyen a la Administración, más las propias actividades inspectoras de la Administración. Requisitos para las empresas, en muchos casos contradictorios, en enorme volumen. Por muy bien que lo hagas, lo más probable es que tengas tu multa y si reclamas y vas a contencioso puede tardar años. Y en la inmensa mayoría de veces terminarás decepcionado, eso suponiendo que recibas contestación.

Aquí el sistema es «paga y después reclama». Pueden pasar años en muchos casos para que se te conteste, si se te contesta, y los resultados son más que inciertos. Por mucha razón que el empresario entienda que tiene, difícilmente se le va a dar. No vale para mucho; lo que diga la Administración va a misa y punto. Es lo más práctico, probablemente, quedarse fastidiado y olvidarse. Al menos así no pierdes mucho tiempo ni dinero en los procedimientos, para nada en la mayoría de las ocasiones. O bien búscate un abogado de confianza, con un presupuesto claro y escrito, que te informe todos los años en una reunión de temas pendientes y, lógicamente, sin poner esperanzas en que los temas se resuelvan. Así no te llevarás continuas decepciones y, dando los temas por perdidos antes de empezar, si sale alguno bien te llevarás una alegría y no decepciones continuas.

La industria química

Dios mío, hemos vendido por parte de la Administración a la ciudadanía (por parte de casi todos) una imagen letal de la industria química. Así nadie la quiere y es una carrera de obstáculos conseguir una licencia de apertura. Supongo que ningún alcalde se atreve a esa osadía.

La química es fundamental. Química es casi todo, desde los productos farmacéuticos por comenzar por algunos. La industria química en este país es perseguida como no ecológica; aquí dejamos de producir y compramos a países que no guardan ni mucho menos como nosotros las normas ambientales. Dejamos de producir nosotros y se fomenta que haya más contaminación comprando a países con pocas normas porque son más baratos. Dejamos, por consiguiente, de crear puestos de trabajo y nos quedamos atrás en el mundo químico, tan importante industrialmente. Ya en Andalucía ni te cuento el retraso que hay en la industria. Las industrias necesitan un tejido industrial. Si hay una industria en una determinada ciudad, hay empleados que se marchan de la misma y ponen con algún socio una fábrica de lo que ellos conocen porque han trabajado allí y así se van polarizando. Hay ciudades donde hay diversas fábricas de zapatos, por ejemplo, o de juguetes. El tejido tarda tiempo en hacerse y se logra mimando lo que hay y viendo a la empresa no como una entidad a la que hay que llenar aún más de impuestos, sino como un foco de puestos de trabajo, que faltan hacen.

Ponemos tal barbaridad de trabas en sus instalaciones, tal fárrago de normas y más normas, que ahogamos su desarrollo empezando ya por el principio, no dando licencia de apertura por parte del ayuntamiento o tardando muchos meses o años. Estamos apañados. Grave error que pagaremos en muchos aspectos, desde la creación de puestos de trabajo al aumento del déficit público. Yo creo que ya los propios empresarios desestiman embarcarse en estos temas visto el panorama.

¡Lo hemos logrado! Bueno, y ya ni te cuento cuando consigues solventar los temas de la Administración. Y si el ayuntamiento da la luz verde existe el alto riesgo de que una serie de personas no estén de acuerdo o asistan a una manifestación de ciudadanos, salga en los periódicos y al final la empresa haya que cerrarla. He visto ya diferentes casos. ¿¡Adónde vamos a llegar!? Y como haya un accidente en tu empresa y te falte algún documento agárrate. Esto ya entra por lo penal.

Conclusión: cada día hay menos industria, o bien vamos a decir que tenemos una mínima industria. Menos ya es difícil tener. Y bueno, que muy bien, que seremos muy ecológicos. Yo digo también que Gambia y Etiopía son muy ecológicas. Esto no puede ser, es urgente dar un giro.

El problema de sobrecarga a la empresa por la Administración

Son demasiados requisitos, demasiadas normas, demasiados escritos de la Administración pidiendo datos, además con pocos días de plazo, diciendo que si no es así te multan y con los recargos correspondientes. Supongo que esto dependerá además de cada autonomía.

No dudo, evidentemente, de que hay organismos dentro de la Administración que funcionan bien o incluso muy bien, pero hay otros que es como si no existieran. No es lógica esta sobrecarga de gasto. La Administración requiere una modernización urgente, adelantándola a la época tecnológica que vivimos y, si es posible, que esté en la cabecera de esta o de las primeras a nivel global. No es lógico rellenar tanta estadística, tantos datos de forma continua, tanto tiempo y recursos que hay que utilizar para el laberinto de cuestiones que se presentan por parte de la Administración. Como haya pocas industrias en una provincia, a las pocas que hay les toca un lío espantoso. Si hubiese muchas, supongo que las cosas serían distintas. Mientras menos industria haya en una provincia peor, porque hay una estructura oficial que recaerá sobre pocas empresas. Este punto es importante; es mucho más sencillo y lógico poner una industria donde haya muchas industrias que donde no haya ninguna. Aunque hay polígonos industriales químicos que por presión ciudadana ya prácticamente no existen. Es lo contrario de lo que yo pensaba: terminan siendo naves de almacenamiento de material chino.

El distanciamiento social

Ahora además entra un factor en juego en el que nunca habíamos pensado. Se trata de la COVID-19, cuyas repercusiones tendrán que verse en los próximos años. Está claro el palo dado al sector turístico (el canal horeca, como se llama ahora) y a muchas actividades que acompañan al mismo. Normalmente, desastres de este tipo no son inmediatos. Vamos a ver: por lo general, ninguna empresa quiere cerrar, evidentemente. Todas quieren crecer. Reciben un palo fuerte, como ocurrió en 2008, y algunas caen sobre la marcha, pero las más resisten y aguantan y aguantan hasta que revientan a los cuatro o cinco años. Como consecuencia de la crisis de 2008 vi caer a muchas empresas en ese año, pero más en 2011, 2012 o 2013. Han ido capeando el temporal como han podido hasta que ya, por fin, no han podido seguir.

Esto de saludarnos con el codo, taparnos la boca y la nariz, estar a tres metros uno del otro y el miedo al contagio está cambiando lo que había y no sabemos dónde nos lleva; seguramente, a un mundo que, cada día con más tecnología, está más comunicado, pero desde casa, con un ordenador y las calles vacías, los actos sociales desaparecidos y los amigos por Facebook, sin haber tratado con ellos nunca de forma personal. Y el día que te mueras darán sus condolencias por Facebook y punto o por cualquier otra red social.

La deuda pública

Hablamos y hablamos de política y se dice una barbaridad de tonterías sin tocar el tema de fondo. Yo ya no veo ni oigo la tele. No hablamos de un tema básico como la economía, que es el fundamental, y perdemos el tiempo en chorraditas. En definitiva, nuestro país es una sociedad, España S. A. Esto que digo no es una barbaridad: es un ente donde hay ingresos y gastos y unos objetivos claros que vienen en la Constitución (y en las empresas en sus escrituras), con unos ingresos y unos gastos que tenemos que administrar, con unos impuestos razonables y una buena administración del gasto público. Si el gasto público se dispara (en lo que ya estamos), si la deuda aumenta a límites no admisibles, la sociedad se rompe y entraremos en el rescate, que tendrá repercusiones negativas en todo, como en las pensiones, más que probablemente.

Este es el problema, la economía. Porque la economía es, en definitiva, quien marca el paso. Y ahora marcan el paso la palabrería y la demagogia en alta medida. Los partidos políticos tienen que cambiar de mentalidad, dedicarse a trabajar y a atacarse solo un día al mes, todo lo más. Y antes de nada implicarse en la economía.

Además, en mi opinión, deben dejar de decir cosas no posibles y que espantan el desarrollo económico por atraer votos. Por ejemplo, cuando se habla de aumento de impuestos a las grandes fortunas no tiene mucho sentido. Los impuestos son a las rentas, es decir, a los beneficios. Yo puedo tener mucho terreno en la sierra, pero si no produce ingresos, ¿cómo voy a pagar un impuesto a las grandes fortunas? Los impuestos son a los beneficios; creo que ya en ningún país de Europa los hay a los activos inmovilizados. Se dicen muchas cosas de estas sin sentido porque suenan bien y atraen votos, pero espantan empresas. Los primeros interesan porque se deducen más que las segundas.

Leo que lo que recomienda la Comunidad Europea es tener como máximo de deuda el 60 por ciento del Producto Interior Bruto (ahora, junio de 2020, estamos seguro en más del doble). Cada hora del día o de la noche de cualquier día de la semana hemos de pagar siete millones de euros de intereses, leí en la prensa. Hice cálculos y me salía correcto, y eso que ahora los intereses están muy bajos.

Hay otros países que en vez de déficit tienen superávit, que prestan a los que tenemos déficit. Entre tener un millón y deber un millón hay dos millones de diferencia.

Los wasaps de política

Es una barbaridad, llegan a cientos. Yo ya no los leo. Hay amigos que, ya jubilados, se dedican a wasapear, algo horrible. No les digo que no me envíen porque es como decirles: «No quiero nada contigo», pero es que no me interesan. Además, no tengo tiempo para leer tanto de lo mismo y no me gustan. Tendenciosos y falsos en su mayoría, quizá terribles en sus resultados. La manipulación de mentes es un problema grave de la humanidad, que con las modernas comunicaciones se hace mucho más peligroso. Se puede decir que este tipo de pensamiento no tiene nada que ver con el gerente, pero sí afecta al mundo de todos, entre ellos a la empresa y todos los que la componen. Hay quien piensa que lo que dicen los wasap es cierto, pero es una información con poquísima garantía de ser verdadera (por decir alguna), ya que no se sabe el origen.

El tren de la industria

Este tren lo perdimos desde el inicio, hace dos siglos. Inglaterra, Alemania y Francia son los líderes europeos; después han venido Estados Unidos y China, entre otros. Quedamos un tanto lastrados y, claro, ahora a comprar en el extranjero, perjudicando nuestro balance de pagos y haciéndonos depender de muchas cosas, de demasiadas, de fuera. Lo hemos visto con las mascarillas y respiradores, por ejemplo.

El tren de la tecnología también lo perdimos en alta medida: digamos lo que digamos, tenemos empresas tecnológicas, pero muy pocas.

Tenemos el tren del turismo y el del de la agricultura. Presumimos mucho de agricultura y es quizá debido a nuestro clima, evidentemente. Es un tema donde queda mucho recorrido. Tenemos poca producción de maquinaria agrícola, que también se compra en alta medida al exterior, sobre todo más tecnológica. No tenemos una empresa española de tractores ni en España se fabrican los mismos.

Y el turismo es preocupante, porque no es nada fijo y el palo con la COVID-19 ha sido tremendo. Ya veremos cuántas empresas caen en próximos años como consecuencia de esta crisis, como comentaba antes.

En fin, filosofamos mucho y de forma parcial y la filosofía también está muerta, desde hace años no evoluciona. Ha desaparecido.

Mezcla de política y empresa

Una empresa dirigida por políticos es una temeridad. En su inmensa mayoría, los políticos de hoy no han trabajado en una empresa. Una empresa tiene que ser dirigida por gestores técnicos. No tiene mucho sentido que una empresa la dirijan políticos que, en general, no saben llevar la misma política y van a su supervivencia profesional y política en muchos casos. La empresa no es un foro político ni tiene nada que ver con la política. Los casos de empresas manejadas por políticos que caen arruinadas son muy amplios. Más que políticos necesitamos estadistas.

Sin embargo, sí creo que la política debe ser manejada por gestores empresariales. Al fin y al cabo, nuestro país es como una sociedad, con unos ingresos y unos gastos, y los gestores saben llevar y optimizar sociedades. En cuanto a los fines sociales, es un tema ya pasado. Nadie duda de que es el deseo de todos los partidos políticos. Es un tema superado: nadie quiere el mal de nadie.

La Administración debería contratar gerentes del sector privado

Estaría bien que se contratase a gerentes de empresas privadas de trayectoria de calidad como forma de optimizar el funcionamiento de los diferentes departamentos, secciones, etc., como forma de rejuvenecer la Administración, buscando su agilidad y no siendo un mundo aparte de la empresa que muchas veces, o la mayoría, la encorseta e incluso inmoviliza en muchos casos. No hablo de toda la Administración, pero sí de parte. He estado en edificios de la Administración de diez plantas, por ejemplo, he ido a la de arriba y he bajado andando. En cada planta diáfana he visto mesas y mesas vacías, muchas mesas vacías. ¿Dónde están?

Trabajo en el Gobierno

Mi padre, cuando yo era joven, me recomendaba una y otra vez que buscara trabajo en la Administración pública. Me insistía en que era un «jauja magnífico», donde tendría trabajo fijo toda la vida sin que nadie me despidiera y donde no tendría problemas de inquietud y zozobra en el trabajo. Esto era hace sesenta años. Hoy creo que me diría lo mismo.

Pero, en fin, después las cosas vienen como vienen y van por otros derroteros diferentes; no obstante, trabajar en la Administración es un puesto deseado por la inmensa mayoría de los españoles por lo dicho anteriormente. Es lo que queremos en alta medida para nuestros hijos: unos ingresos fijos para toda la vida en un sitio del que no te despidan y en una empresa absolutamente segura. Es como si te tocase la lotería vital.

Sin embargo, conseguir una Administración ágil parece que es un deseo utópico y yo creo que en ello está en buena medida el desarrollo económico de un país, en tener una Administración moderna y eficaz. Y esto tiene que ver muchísimo con una poderosa organización informática y urgente.

3. LOS ACCIONISTAS

Empresa influyente

Es aquella que se conoce bien en el sector. Es la que sale en los medios, aquella en la que los jóvenes quieren aprender y lo tienen después a gala, la que es invitada a congresos… Las más influyentes en el mundo son Microsoft, Apple, Amazon…

En España los empresarios más influyentes son Amancio Ortega, Juan Roig, Ana Botín, Florentino Pérez, Jordi Gual… Lamentablemente, poquísimos.

Las empresas grandes tienen cada día más poder económico y, en cierto modo, la política depende mucho de la economía. En definitiva, las empresas grandes son un Estado dentro del Estado. Si un país tiene empresas multinacionales grandes es un país grande. No es un tema para combatir, sino para ayudar a las multinacionales españolas para que crezcan y puedan estar dentro de ese concierto, no excluidas del mismo.

Una empresa influyente no tiene por qué ser una multinacional; dentro de cada sector hay empresas que a nivel provincial, regional, etc., marcan claramente tendencia y eso sin duda es bueno, por lo general, para sus resultados anuales.

Si la política de la empresa es no avanzar

Si la política de la empresa es no avanzar, la empresa desaparecerá. La época de los empresarios conformistas y anquilosados en el presente ha muerto. Hoy esto ya no es posible: la competencia, los mercados y el contexto del mundo actual así lo requieren. Las empresas no dudan de que su misión es crecer. Las que no lo tienen claro y no avanzan son como el que nada en el agua; si no nada, se ahoga. Creo que esto ya todas los saben, a lo mejor salvo algunas excepciones, que puede que las haya, como en todo, aunque sería bastante raro.

En agricultura cuando se habla de latifundio y minifundio se trata ya de términos anquilosados. Como cuando se hablaba de reforma agraria en Andalucía dividiendo fincas. Estuve en un curso de la Universidad Menéndez Pelayo sobre este tema. El representante francés indicaba que la reforma agraria en su país era ayudar a los agricultores a que comprasen las parcelas de los vecinos para tener unidades de explotación debidamente mecanizadas y optimizadas y lograr la mejor rentabilidad. Hoy lo que no tiene costos competitivos lo tiene pero que muy difícil.

En las empresas influyentes es normal ver numeroso personal en prácticas, aprendiendo, que conviene que al salir tenga su diploma y forme parte de un club de la empresa que permita tener conexión con ellos en tiempos futuros, pues nunca se sabe, y no dejar olvidado el vínculo establecido. De alguna forma, la vida está formada por vínculos. La vida son vínculos.

La inmensa mayoría de las empresas quieren ser empresas influyentes, importantes, grandes.

El modelo de dirección

En cuanto a este asunto, he leído en parte la vida del célebre millonario americano Warren Buffet, parece que el segundo más rico del mundo. Esto en alta medida se calcula por las acciones que tiene en bolsa y su valor de mercado. En definitiva, es una persona muy mayor, de 90 años, que no delega (por lo menos hasta ahora) y preside la junta general de accionistas de su empresa Berkshire Hathaway. Veo su estilo, que no es de libro, sino que es un estilo peculiar. Por ejemplo, a la junta general pueden asistir todos los que quieran, basta con tener una acción. Evidentemente, cuando se llena la sala, para 10.000 visitantes, se cierran las puertas. En la presidencia están él y su adjunto, que tiene más edad que él, y los dos hablan. La gente se mata por ir a escucharlos este día al año.

Los beneficios de las empresas modernas: el 10 por ciento de los beneficios es para donaciones, otro 10 por ciento para repartir a los accionistas y el 80 por ciento para reinvertir. Generalmente, a los accionistas se les paga más que si tuviesen el dinero en un banco, pero no cantidades muy excesivas, porque el dinero de las ganancias es para crecer, con lo cual el valor de la empresa aumenta y el accionista tiene un beneficio cuando vende las acciones, generalmente a un precio mucho más alto. Aunque esto es relativo y puede que ocurra todo lo contrario.

No compra el señor Buffet empresas agónicas, que fue como empezó, sino solo empresas saludables y bien dirigidas. Comprar empresas moribundas, aunque sean baratas, tiene un altísimo riesgo. Generalmente, se venden empresas sanas, con beneficios y poco riesgo, aunque su precio sea, evidentemente, mucho más alto. Comprar empresas en liquidación puede tener sentido cuando se empieza, pues requieren poca inversión, pero claro, al no invertirse en ellas están en cierto modo sentenciadas. Comprando empresas moribundas lo más seguro es que termines muriendo tú con ellas.

Así que no hay modelos de dirección genéricos, sino que los mismos se basan en la forma de pensar y los sentimientos de los accionistas que mayoritariamente dominen la misma.

Nuevo nombre de la sala de consejos

Sala del pánico. Muchas veces he estado esperando en mi trayectoria las soluciones de reuniones del consejo de administración o de alta dirección en mis inicios. Numerosas veces dan soluciones sorprendentes, habitualmente no buenas. También he participado en muchas reuniones de consejos de diferentes empresas. Estas son muy diversas en cuanto a si son las acciones propiedad de una sociedad anónima grande, matriz, o son de familiares y particulares. Por ello, la información del gerente a los accionistas, mes a mes, debe ser ponderada y bien establecida para que, en definitiva, facilite la toma de decisiones ajustadas a un mejor conocimiento de la empresa.

La empresa debe facturar a los accionistas los servicios que haga

No hay favores cuando el dueño de una empresa encarga a la misma un trabajo para su uso personal. La empresa se lo debe facturar y él debe pagar la factura como un cliente más. Los accionistas no deben tener prebendas por ser tales; han de pagar lo que las empresas les hacen en temas ajenos, de cualquier tipo de servicio. La propiedad no debe tener ventajas en ello. La propiedad la ventaja que tiene es el pago de dividendos a los accionistas y, lógicamente, los sueldos del consejo que trabaje en la empresa en función de cierta racionalidad, en función de su cargo. Diría como en los ayuntamientos: si no hay estamento superior que asigne los ingresos, los ingresos de los integrantes del consejo han de tener criterios establecidos en normas o protocolos internos que eviten los dislates. Esto es claro, entiendo que básico. Si las cosas no son así, la empresa toma otros derroteros no empresariales y se sale del carril natural para entrar en otros terrenos anormales, que complican a corto o largo plazo, por lo general, la vida de la empresa. Pongo un ejemplo: le he encargado el diseño de una portada de un libro escrito por mí a mi hijo, lo ha confeccionado su empresa y me comentó posteriormente que él había pagado de su bolsillo a su empresa el importe de dicho trabajo.

El cobro de dividendos

Hay mucha falta de información en este campo. Una empresa rentable no quiere decir ni muchos menos que cobre dividendos altos. Los beneficios generados sirven para su crecimiento y desarrollo en alta medida, como reservas y como dotaciones para imprevistos. Si la empresa reparte todos sus beneficios no puede crecer y desarrollarse. Los beneficios se tendrán, en todo caso, cuando se venda la empresa, si es que alguien quiere comprarla, o venda un accionista sus acciones. Esto es así; si alguien tiene un establo y ordeña a las vacas hasta la última gota todos los días y les da de comer al mínimo para ahorrar gastos, está claro que la vaquería terminará extinguida de una forma u otra si reparte los beneficios y no reinvierte. Está claro: las empresas se ven forzadas a invertir, no tienen más remedio para seguir vivas. Si no lo hacen durante varios años después es imposible (o muy difícil) recuperar.

Grandes empresas españolas

Muchas creemos que son españolas y no lo son. Yo entiendo que empresas españolas son las que tienen su sede en España y pagan al fisco en España, porque el accionariado hoy día puede ser de cualquier parte del mundo. Pero si la empresa radicada en España es filial de una gran empresa internacional, entonces sus beneficios nunca los sabremos porque puede que no reparta dividendos. No obstante, hay otras formas de beneficiarse tales como, por ejemplo, el cobro de *royalties* o el suministro de aprovisionamientos fabricados por la matriz y tendrán sus beneficios las sedes centrales. De todas formas, gran parte de los beneficios se quedan en la empresa para su crecimiento y mejora de su rentabilidad. Aunque esto también es cuestionable porque, por lo general, no es así la cosa. A la empresa matriz le llegan los beneficios de las filiales y hoy hay medidas en casi todos los países para que no tengan doble imposición. Realmente, en alta medida las empresas no van a hacer trampas, sino que, dentro de las reglas de juego, van a obtener la mayor operatividad. Las trampas se vuelven como un *boomerang* y dan más problemas y perjuicios que beneficios. Tampoco tiene mucho sentido hacerlas. Si ves que la situación no interesa, no se busca la forma de hacer trampa, siempre peligrosa. Es mejor, simplemente, ir a otro país o a otra actividad para invertir.

Si subes impuestos y en vez de poner el 25 por ciento sobre el beneficio pones el 50 por ciento (es un ejemplo), pues lo que hacemos es que las empresas cambien de sede y muchas la pongan en un país extranjero. Por tanto, es una tontería hablar del tema. Los impuestos sobre los beneficios deben ser similares a los que aplican los demás países comunitarios y, en lo posible, tratar de impedir el cambio de sedes al extranjero.

Nuestros políticos básicamente son teóricos, sin saber de la práctica empresarial. Si para ser político fuese preciso pasar por una empresa, trabajando, por ejemplo, tres años, el pensamiento de los políticos sería muy diferente en muchos casos.

Los políticos muchas veces hacen leyes sobre principios teóricos y vuelven locos a los empresarios; por ello, muchos empresarios prefieren no serlo, liquidando la empresa y dejándose de problemas ante la montaña que suponen y el riesgo de aumentar la dificultad de su solución. Hablamos de empresarios que de alguna forma puedan tener algunos ingresos para sobrevivir dignamente.

Volviendo al tema de los impuestos sobre los grandes patrimonios, si tengo un castillo y se valora en cinco millones de euros y he de pagar un pastón, ¿cómo lo hago? Los impuestos son sobre las rentas, no sobre los activos. Demagogias de salón para llamar la atención y ganar votos. No es posible sobre patrimonios; hay muchos que no podrían pagarlos, quizá la mayoría. Los impuestos han de ser sobre los beneficios.

La diferenciación de las sociedades

En una cooperativa cada persona es un voto y en una sociedad anónima o limitada cada acción es un voto.

En una cooperativa, si tienes diez mil olivos tu voto tiene el mismo valor que el del que tiene un olivo, lo cual no deja de ser un poco extraño. Es así porque no se desembolsa dinero por las acciones. He escuchado en varias ocasiones que las cooperativas que funcionan bien son aquellas que lo hacen lo mismo que una sociedad anónima, menos un día al año, el día de la asamblea general. En la cooperativa intervienen mucho los factores políticos y por ello, por ejemplo, hay dos cooperativas en la misma localidad cuando sería más económico tener una más grande. No se fusionan ni se integran en otras cooperativas de rango superior para hacer la comercialización conjunta para no dejar de hacerla en la propia cooperativa, pues entra mucho el personalismo de sus dirigentes, que no quieren ceder su puesto y perder su posicionamiento ante la sociedad y su trabajo.

Las cooperativas deben ser manejadas por gerentes profesionales; sin embargo, hay fuera de España cooperativas enormes de volumen y con establecimiento en varios países que, en mi opinión, se gestionan igual que una sociedad anónima. En España se está procurando hacer cooperativas grandes, vamos a llamar a nivel europeo, pero en general con muchas trabas por parte de las propias cooperativas por los individualismos de cada una.

La mayoría de las veces las cooperativas son manejadas por políticos, no por empresarios, y ello en la mayoría de los casos no funciona a no ser que haya políticos empresariales, tema complicado.

En las sociedades anónimas y limitadas sí hay un accionista que, por su accionariado importante, lleva el control. Realmente, a los efectos es el dueño, entendiendo que es el que decide. Pero si el accionariado no tiene un dueño por ser los accionistas minoritarios, ya las decisiones dependen mucho de la actuación del consejo y de las guerras de este. Yo creo que es mejor un dueño mayoritario para que se funcione mejor desde el punto de vista económico. Si la empresa es de accionistas minoritarios depende de más personas (en definitiva, del talante de la mayoría) y su funcionamiento es mucho más aleatorio. Otra cosa son las grandes empresas, cuyo protocolo de dirección debe estar muy bien arbitrado. La forma de ser y la formación empresarial que no se aprende, creo yo, en las escuelas y que sería básico tener en la juventud. Si queremos empresarios debemos enseñar desde la escuela a ser empresarios. Igualmente, los accionistas necesitan, por lo general, formación empresarial para comprender el funcionamiento de la empresa en la que han invertido. Comprar acciones para ganar dinero es muy simplista y arriesgado; si no se ama el proyecto, es mejor en fondos fijos.

Los fondos de inversión

Sobre este tema reseño lo que pienso, lo que he vivido, al menos mi experiencia. Cuando una empresa es comprada por un fondo de inversión, la empresa, por lo general, pierde puntos, pierde un poco de todo, no gana. Los fondos, generalmente, entiendo que quizá no vayan mirando el largo plazo de la empresa y su implantación en el sector, sino básicamente los dividendos a cobrar, con lo cual el futuro es bajo. Mi punto de vista es más escabroso a largo plazo, aunque puede haber excepciones, evidentemente. En todo este texto expreso, obviamente, mi opinión.

Cuando una empresa es comprada por otra empresa (más grande, evidentemente, y de su misma actividad), por lo general es bueno, ya que ambas se refuerzan y hay una simbiosis de crecimiento.

El fondo de inversión va simplemente a obtener el mayor beneficio posible de la empresa. Si puede venderla con ganancias, pues lo hace; y si ve que no es claro su futuro lo que procura es venderla lo más rápidamente posible.

Comprendo que, lógicamente, los fondos de inversión han de obtener el mayor margen posible (a ello se dedican, manejando fondos, por ejemplo, del fondo de pensiones), pero me refiero a que la adquisición de una empresa por un fondo de inversión para los empleados no es buena noticia, pues quizá los inversores únicamente van a ganar dinero y otros inversionistas van con otras miras (ganar mercado, presencia, crecimiento, etc.), que es lo que le ocurre a la mayoría de las empresas.

Un fondo de inversión generalmente invierte en muchos sectores muy diferentes, lo cual es entendible para correr menos riesgos, pero está, por tanto, menos profesionalizado en los desarrollos empresariales. Sin embargo, la mayoría de las empresas en la actualidad no van por la senda de la diversificación, sino al contrario: desinvierten en empresas diferentes para reforzar la actividad principal y se polarizan en temas concretos para ganar poderío y fuerza en los mercados.

Dispersión de los centros o puntos de trabajo de la empresa

Es una práctica no recomendable. Es bueno tener todo bajo el mismo recinto para aprovechar mejor sus sinergias y su potencialidad. Otra cosa es que imponderables lo hagan imposible.

No le veo sentido al hecho de dividir una empresa en varias empresas, a no ser que tengan una actividad muy diferente. Entonces es lógico. Evidentemente, se trata de mi opinión, que la podemos discutir.

Análisis mensual de cuentas

Disponer de una buena analítica de costos y balances mensuales, con reuniones antes del día 10 para ver los resultados del mes anterior, es fundamental porque permite a las empresas tomar las medidas oportunas sobre la marcha y no cuando los problemas no tienen solución. Esto es un tema fundamental, esencial, básico y prioritario. Construir la arquitectura administrativa de una empresa y que sea eficaz no es fácil ni rápido ni se compra hecha. Necesita mucho tiempo, dinero en temas parciales y esfuerzo. Si dicen que es sencillo, no es verdad.

Las empresas no están hechas para ganar dinero

Esto puede parecer una barbaridad, pero no lo es. Los recursos que generan las empresas deben ir y van para su propio crecimiento, sus reservas, sus provisiones. Y en todo caso, un porcentaje fijo que no haya que discutir año a año para repartir entre accionistas (por ejemplo, el 20 por ciento de los resultados después de impuestos). Las empresas necesitan crecer. Si se reparten los beneficios la empresa no se capitaliza, no crece, y si se paraliza es un poco morir. Hay que tener en cuenta que si la empresa cierra o cesa por algún motivo, los activos en máquinas, fábricas, etc., valen poquísimo, su valor residual es escalofriantemente pequeño, y el despido de personal suele ser costoso. En definitiva, no quedará nada de sus activos. Una fábrica cerrada es pura chatarra; se debe procurar por ello que los activos inmovilizados estén poco valorados, amortizarlos pronto. Otra cosa es engañarnos. Aplicar amortizaciones aceleradas es una buena práctica. Es sacrificar beneficios de hoy para darles una vida más larga.

Los propietarios de la empresa, en definitiva, lo que tienen es un sueldo mayor si trabajan en ella (pero nada más, no nos engañemos) y unos dividendos. Una empresa no se sabe lo que vale, si es que vale algo, al ser la misma vendida (si hay alguien que la compre). En definitiva, una empresa vale mientras funcione y tenga un beneficio; si se paraliza, no vale nada o poquísimo.

Lo que se paga a Hacienda no es sobre el beneficio que se reparte, sino por el beneficio que genere la empresa, se reparta o no. Esto parece que muchos no lo saben, y es que realmente no hay formación del conocimiento de los desarrollos empresariales. Pocas personas saben, por ejemplo, interpretar un balance, es decir, entenderlo. Por ahí debemos empezar. Y debe enseñarse en los colegios.

La mezcla del amor y el dinero

Don Felipe Carús, cubano, director comercial de Amoniaco Español S.A., allá en 1965 tenía un cartel colgado en su despacho: «El amor con el amor y el dinero con el dinero. La mezcla de amor y dinero es la prostitución». Esto guarda mucho mensaje: cuando se vende a amigos, familia, etc., hay que separarlo. Mi padre esto lo llevaba a rajatabla; de él aprendí que no es bueno tener de empleados a familiares ni vender a la familia (aunque él lo hacía).

Objetivos claros y comunes

Para que una empresa funcione la dirección debe tener los mismos objetivos. Esto es claro, es lo primero. Si en la dirección hay objetivos muy diferentes no se puede trabajar. Otra cosa es que haya alguna opinión (no propuesta) que sirva quizá como inspiración para otras decisiones, pero no puede haber objetivos dispares de los fundamentales porque entonces, si cada uno tira del carro de la empresa por un lado, despedazan el carro. La dirección ha de tener criterios de objetivos claros y comunes; por eso muchas veces termina en una sola mano, aplazando el problema para la generación siguiente, que lo volverá a tener probablemente. De ahí que las empresas familiares difícilmente subsistan varias generaciones, a no ser que por su envergadura ya no se pueda con ellas. Me refiero a opiniones individuales.

Zapatero, a tus zapatos

De vez en cuando o de forma continua se les presentan a los empresarios negocios maravillosos, negocios donde se va a ganar mucho dinero, que no tienen nada que ver con la actividad habitual y que son más rentables y cómodos. Es decir, gangas de oportunidad, panaceas. Esto lo he visto en mi vida una y otra vez.

Como consecuencia de ello he visto negocios que se han dejado, cerrado o vendido para meterse el empresario en otros negocios mucho mejores porque su éxito era seguro y con trabajo mínimo (y seguridad ni te cuento), garantizados incluso por el

Estado como los paneles solares, que después se han cambiado drásticamente.

He visto como, en la inmensa mayoría de los casos, ha sido el cambio un fracaso total. Y si no ha habido cambio, pues el fracaso en la parte de negocio nueva que se nos ha propuesto como maravilloso y magnífico.

Yo parto de la base de que los negocios maravillosos no existen. Ahora bien, uno puede estar en un negocio y que vengan unos años buenos, por las circunstancias que sean. Esto sí que es así, lo mismo que lo contrario. En los años buenos hay que organizarse para los malos.

Creo que lo mejor es la especialización de cada empresa, su conocimiento y dejarse de cantos de sirena que terminan en ruinas. Zapatero, a tus zapatos. El refrán retrata el caso. No soy amigo de los refranes para justificar decisiones, pero en este caso sí. Una decisión no se puede tomar por un refrán.

He visto, por ejemplo, cómo se vende un hotel, invertir el dinero en construcción y perderlo. Y así varios casos, muchos. Entonces vamos a ver: en vez de dedicarnos a ver como muy buenos los negocios que parece que hacen otros y lo nuestro como muy malo, vamos a centrarnos en orientar lo nuestro lo mejor posible.

Cuando una empresa rompe el paradigma en su línea de trabajo, en muchas ocasiones se transforma en un icono. Es decir, es mucho mejor trabajar en lo que conocemos; en ello llevamos ventaja, porque en lo que no conocemos no podemos ir en primera fila. Si es que lo que conocemos nos lleva a algún lado. Las sombras, como no se ven, se rellenan con lo que nos parece ver y estimamos, no con la verdad, que es más implacable. La realidad.

Invertir en pequeñas empresas

A veces se presenta la ocasión de invertir en una empresa pequeña un porcentaje accionarial. En estos casos casi siempre se pierde lo que se puso. Otra cosa es adquirir un paquete mayoritario de una empresa pequeña que aporte algo a la matriz.

Creo que no se debe invertir en lo que indiquen directores de bancos, con todos mis respetos. Van a lo que mejor le viene al banco como prioridad, tienen sus objetivos marcados, que pueden no ser, ni mucho menos, lo mejor para tu empresa. En definitiva: zapatero, a tus zapatos una vez más. Y si se compran acciones que sea en cantidades no muy relevantes y repartidas, es decir, previniendo que si puedes perder no te cause demasiados trastornos y sabiendo que un efecto positivo es remoto; sin embargo, puede ser una acción estratégica.

Para saber lo que una empresa vale hay que venderla

Si el dinero no se tiene en billetes en el banco, sino en bienes, o lo que se tiene en dinero efectivo no es relevante, entonces cuando hablamos de muy ricos es algo que en realidad no se sabe: tendrían que vender sus bienes y sus empresas y ver lo que les dan, que no es lo que ellos piensan, sino lo que piensan los que comprarían. Esto sobre la base de poder vender el negocio. Otra cosa es la venta de acciones en bolsa. Por las mismas se sabe en cada momento lo que se tiene, si bien su valor va cambiando con la cotización.

Cuando hablamos de muchos ricos podemos ver en internet las cien personas que más millones tienen en España, lo que suponemos que nos da una idea no matemática, pero sí aproximada. Ahora bien, estos señores tienen que vender para saber lo que tienen. Yo puedo tener una empresa que supongo que vale cien millones, pero claro, si encuentras un comprador es posible que te diga veinte millones, porque es la rentabilidad que da la empresa la que mide. El afecto, el valor sentimental a una empresa, no debe valorarse nunca en más de un 10 por ciento del valor real de la misma en base a su rentabilidad, y esta la dan los beneficios. En fin, yo puedo tener un castillo medieval, pero ¿cuánto vale? ¿Quién me lo compra? Probablemente sea un lastre por sus gastos de mantenimiento.

Hablamos de muchos ricos en España y de que otros tienen tan poco y, bueno, no es así ni mucho menos. Cuando ves los más ricos (cien, quizá la mitad de ellos, ya que lo que se reseña que tienen no es muy relevante), no se trata de que haya menos ricos, sino más, e igualmente se trata de que no haya menos pobres, sino menos y que se hagan ricos. Mientras más ricos haya mejor. El problema es que haya muy pocos.

Los caprichos

Los caprichos no son buenos, por supuesto, en la estrategia empresarial (alguno sí, pero que sea barato). Es bueno que impere el sacrificio, el trabajo. Me gusta ir a sitios donde veo como los niños, ya en periodo de vacaciones, ayudan a los negocios de los padres como se hacía antes. Pero la educación del capricho, la educación de estar jugando todo el día con el móvil, la educación del ocio y no del trabajo y la constancia creo que deforma. Por supuesto, abogo por la educación del rigor y del esfuerzo, siempre con honestidad como valor innegociable.

A través de la ventana

A través de la ventana las cosas se ven de otra manera; vamos rápido y llegamos a conclusiones rápidas (y erróneas, por supuesto). Hay que dedicar tiempo a pensar, a ver y, sobre todo, a preguntar y preguntar. Hay que consumir tiempo en aprender preguntando. La mente es libre y anárquica y dejarse llevar únicamente por impresiones rápidas y decidir en función de ellas es la madre de todas las decisiones equivocadas. De los que aconsejan hay que huir en cierta forma o solo escuchar, estudiar y contrastar ideas de ello con otros. Las decisiones hay que tomarlas no por lo que otros te aconsejen, sino por lo que tú has decidido estudiando toda la información posible y conociendo el tema.

La empresa y Moby Dick

«Moby Dick es un caladero hecho de leyendas intrépidas, de cadáveres, de generaciones esforzadas de un oficio sin testigos». Bonita novela *Moby Dick* y es análoga a la vida de las empresas. La ballena blanca.

4. EL EQUIPO DIRECTIVO

El *crack* no existe, el *crack* ha muerto

A algunos en mi vida los he visto autopublicitarse de superhombres y en su mayoría me han decepcionado terriblemente; en otros casos ha sido un grupo de fans que lo han confeccionado. Yo desconfío de cualquier persona que me explica detalladamente lo buena que es. No me lo creo por definición. Los *cracks* no se lo dicen; sencillamente, se ven. Y ellos no se lo creen. Es mi caso.

Equipo directivo

Sí está claro que todo el personal forma el equipo y cosas así que se dicen y oyen continuamente porque están muy de moda. En definitiva, el gerente, para la evolución de la empresa, necesita contar con un equipo directivo que depende, lógicamente, de la dimensión de la empresa, pero que, por citar un ejemplo, puede estar formado por ocho o diez personas (no tiene que ser numeroso y no puede serlo), cada una en su sector, que configuran la base de funcionamiento empresarial y permiten que tu equipo tenga equipo y así sea una estructura piramidal. Una persona no puede supervisar a un equipo numeroso; no tiene tiempo y viene el desorden.

Estar escuchando por todas las empresas que lo importante es el equipo y cada uno de los trabajadores suena bien, se explica en todos los cursillos, pero en general en la empresa el funcionamiento va por hombres-motores creativos, que tiran del carro y que suelen ser pocos y a veces muy incomprendidos.

El talento gana partidos

Estamos en un mundo donde hay una serie de frases hechas que marcan las reglas de funcionamiento en el que y salirse de esas frases se puede considerar como una herejía moderna.

«El talento gana partidos». Esta frase es verdad, lo mismo que la falta de talento pierde esos partidos o como queramos llamarles.

«Si quieres llegar lejos, camina en grupo». No sé, hay grupos con cuyos miembros no se puede caminar ni un paso. Yo diría: «Si quieres llegar lejos, organízate para ello».

«Si quieres llegar rápido, camina solo». En esto sí que estoy de acuerdo. Mientras explicas lo que tienes que hacer no andas. Todo depende del tiempo y de si es un trabajo repetitivo. Si es así, debes delegarlo y dedicarte a los creativos… En fin, hay que valorar.

El problema del empleado clave

El problema de este empleado es que de forma inesperada se va a la competencia y quizá a la persona que no nos guste la tengamos siempre. El día que esta última se marcha es un alivio, casi un placer.

Habría de alguna manera que sensibilizar en cursillos al personal del problema que pueden originar marchándose sin dejar un sucesor. Lo serio en las personas que se van es dejar a alguien preparado que las sustituya. Irse de la noche a la mañana sin dejar un sustituto adecuado es una falta de seriedad, una falta de profesionalidad.

Hasta ahora la legislación solo protege a los trabajadores y no a la empresa y estos aspectos conviene que se vea cómo regularlos porque la empresa debe estar protegida de la marcha de hombres clave de la noche a la mañana, sin más aviso. Estos deberían tener que pagar una indemnización a la empresa. Con el tiempo esto ocurrirá.

Líderes

Atención, por favor: líderes trabajadores sí; genios no, por favor. No existen.

Hay dos tipos de líderes: el que confía en el proyecto (por ejemplo, Isabel la Católica) y los que lo ejecutan (Cristóbal Colón). O como Kennedy y Von Braun. Sin líderes no se puede funcionar, todo se desvanece en el éter. El líder tiene que tener la humildad de reconocer que un subordinado puede llevar mucha razón y, por tanto, debe descartar la idea inicial y sustituirla por la nueva si es mejor. Si no es así, no es un líder. Es un cantamañanas.

Desarraigado

Dícese de la persona que no ha tenido relación afectiva con su entorno, con el lugar donde vive, generalmente por motivos ajenos a su voluntad. Es propio de los emigrantes. Yo soy un desarraigado arraigado. Desarraigado de Antequera, pero después, ya jubilado, trasplantado de nuevo a mi lugar de origen. Mi verdadero arraigo, el profundo, es con Antequera, donde hemos vuelto al fin Trini y yo. Sí, finalmente hemos vuelto cerca del fin. Sin embargo, eché raíces en cualquier punto donde viví. No podemos vivir aislados y encerrados en nosotros mismos; hay que empatizar con el medio circundante sí o sí, no hay otra. Esto lo tiene que tener claro todo el mundo.

Cuidado en el trabajo con los guapos amables

He visto a lo largo de los años directivos apuestos, dominando inglés, con magníficos modales y mucha elegancia, muy finos, pelando gambas con cuchillo y tenedor, muy exquisitos, de palabra brillante, agradable, educada, sonrientes y corteses, especialmente delicados con las señoras; pero no me he fiado de ellos. A los que he conocido con estas características les han faltado otras, como son la capacidad de dirigir, la capacidad de realizar esfuerzos. Eran solo brillantes en la superficialidad.

Con el tiempo he visto, no sin alguna excepción, que tenían la cabeza vacía y que no sabían lo que es constancia y trabajo. Es un esquema que se me ha repetido varias veces en mi vida: todos han fracasado. No se puede tener todo; les faltaba el sentido del esfuerzo, de la constancia, del trabajo. Creo que existe la ley de la compensación. A más guapo, menos efectivo (no digo que no haya excepciones).

Los embusteros triunfan de momento; a la larga se les ve el plumero y se les vuelve en contra

—¿Cómo van las previsiones?

—Magníficas —me contestó—. Vamos, el doble de año pasado, estupendas.

Cuando nos quedamos solos le dije:

—Eso que has dicho no es verdad. No vamos al doble, vamos a la mitad. Me he quedado boquiabierto con semejante engaño.

—Bueno —me respondió—, es que tú estás pensando en las que van desde el 1 de enero al 30 de octubre, las acumuladas, y yo me he referido en pensamiento a las del 15 al 30 de octubre.

Así en todo hasta que se le vio el plumero. Las mentiras de momento triunfan, más tarde se vuelven un problema sin solución. Es mejor ir con la verdad por delante y si la misma duele, pues callarse. Nunca mentir, la verdad solo tiene un camino. Es una buena recomendación; aunque me ha dolido mucho la cabeza por ello, me ha permitido estar muchos años en primera línea. Diciendo mentiras pierdes crédito como persona de forma total. Los que dicen mentiras (la exageración es una mentira) no se dan cuenta o no quieren darse cuenta de que es un factor negativo muy importante.

Decir y hacer

Del dicho al hecho hay muchísimo trecho.

«No te preocupes, esto lo hago yo». «Sí, por supuesto, esto lo realizo de inmediato. Y no solamente esto, sino además esto otro». He conocido a muchísimos que aseguraban cosas así. Después no han hecho nada.

Encantadores con las palabras, inútiles con lo realizado. Y creen que así lo hacen bien. Es terrible.

Es fácil, bastante fácil, decir «esto lo hago yo» y callar a todos porque no te quieren decir embustero. Después no lo haces y quedas como lo que eres. Y nadie dice nada, nadie quiere problemas, solo se quiere vivir. Se sabe y no se dice. «¿Qué le vamos a hacer? ¡Él es así!», dice alguien para intentar consolar a los defraudados. ¡Él es así! En la vida se tiende a la comodidad, a la falta de riesgo, y antes de hablar para crear polémica y, posiblemente, tener problemas el empleado calla. No quiere tener problemas, solo quiere mantener su puesto de trabajo, que le es esencial. Esto ocurre en la mayoría de los casos con la mayoría silenciosa.

Lo que dejes delegado, en definitiva, debe ser controlado. Diríamos, aunque es feo, «espiado». Debemos asegurarnos de que las instrucciones son llevadas a la práctica; si no lo hacemos, no podemos corregir que no sirvieron para nada por no ser ejecutadas. Esto lo puedes hacer con un supervisado, pero dime si te atreves con un supervisor. Puedes tener un problema.

¡Cuántas órdenes he dado en mi vida y después con el tiempo he visto que solo en algún caso aislado las han cumplido! Al no tener tiempo, no he podido hacer su seguimiento.

Cuántas veces he creído que se me entendía y he hablado y hablado, pero después he visto que no se me entendió, no se me prestó atención o tenían fatal memoria. Incluso se comprendió lo opuesto. ¡Oh, horror! Y mira que siempre he procurado explicarme bien para que se me entienda. He perdido el tiempo.

Yo a veces digo: «Explícamelo como si fuese un niño chico, a ver si lo entiendo». Y muchas veces me han preguntado y he contestado: «¡No!». Y se me ha repetido lo mismo y he vuelto a decir: «¡No!». Así, he tenido que decir: «No se trata de que me lo repitas, sino de que me lo expliques de otra manera». Al final lo he entendido. Incluso se me dio un caso en el que dije muchas veces que no lo entendía y el que me lo explicaba me dijo: «Pues no me extraña. Yo tampoco lo entiendo y me lo han explicado muchas veces. Yo te explico lo que me han explicado porque, como tú eres inteligente, a lo mejor entiendes lo que yo no entendí». Me dieron ganas de darme cabezazos contra la pared.

Muchas veces cuando acabo de explicar algo le digo al interlocutor: «Ruego que me expliques tú a mí lo que te he explicado yo a ti». Y me quedo horrorizado con lo que han entendido, que no es en muchos casos para nada lo que yo he querido transmitir.

La reflexión escrita

Para mí, en general, escribir es una forma de reflexionar, es una manera de poner las ideas en orden, de hacer balance. Recomiendo la práctica de la escritura. Lo malo de escribir es que hay que trabajar para ello; si no fuese así, se escribiría muchísimo.

En estas notas espero llegar en lo posible a mis pensamientos de la experiencia en la supervisión de equipos y cerrarlas dando por terminada esta reflexión. Sin duda, hay muchas cosas más, pero las que tengo ahora en la mente son estas. Otras que quedan están en archivos mentales perdidos por el momento. La mente es un ordenador orgánico y algo más.

Escribir es sano, no engorda y ordena la mente. Salvo a los muy listos, que saben todo, obviamente. Yo, como soy torpe, he suplido mi falta de inteligencia con horas de trabajo

La incomprensión

La incomprensión o el disentimiento, el sentir personas de forma opuesta sobre un tema o, lo que es más grave, sobre muchos temas.

Además, ocurre muchas veces que pensamos que nuestros interlocutores piensan una cosa y la hacemos como pensamiento cierto. En la mayoría de las ocasiones es erróneo esto, querer pensar lo que otros piensan. Lo mejor es hablar y tratar de aclarar. Hablando se entiende la gente, hablando se quita la incomprensión. No basta explicar; tienes que preguntar para deducir que lo han entendido. Pregunta y te sorprenderás.

No construyamos nosotros mismos barreras mentales hacia determinadas personas cuando ellas no las tienen hacia nosotros y ya nosotros pensamos que sí. No pensemos en que piensan esto o lo otro. Cumple bien con lo que debes hacer y hazlo bien. Lo que no puedes es controlar pensamientos ajenos, que son libres de cada cual. Además, si piensas tú lo que crees que piensan los demás no deja de ser una chorrada. Tú no estás en la mente del otro; estás haciendo juicios sin base, erróneos.

Tengo un amigo director cuya empresa fue adquirida por otro grupo empresarial. En el escrito que vi ponía que se le despedía por «disentimiento». Preguntó y era porque «pensaba diferente» a los nuevos propietarios. Contestó que no los conocía y le dijeron que era igual, que ellos estimaban que había sentimientos empresariales diferentes y que iban a poner a una persona con los sentimientos de los nuevos propietarios. Gerente despedido por disentimiento con personas que no ha conocido.

Otro amigo fue despedido de su puesto gerencial. Le pregunté la causa y me quedé helado: «José Luis, me han despedido porque me dicen que tengo exceso de experiencia». Despedido por exceso de experiencia, qué cosas. Ya no se sabe qué inventar. ¡Qué tontería!

A los que procedieron de este modo así les fue; al final la historia es despiadada aunque en la misma los que pierden batallas quieran presentarlas como éxitos, formando arquitecturas mentales para salvaguardar el prestigio y que el problema le caiga a otro. Pero bueno, aunque la historia se cuente como se cuente, la historia es la historia, no lo que nos han contado que fue. La historia de España, por ejemplo, no es ni parecida a la que nos enseñaron en la escuela, el instituto, etc.

La reunión anual de fuerza de ventas

Es una actividad recomendable en la organización de una empresa una vez al año, un día completo de convocar una reunión debidamente planificada y con actividades de formación de la organización de ventas. Ahora está haciendo furor todo lo virtual (todo es virtual, es decir, no real, no físico), pero somos personas, no imágenes en pantalla. Lo real volverá, esto son ciclos.

El orden y la limpieza como política de empresa

Siempre empieza por ahí, por ordenar lo que te rodea. Ordena lo que te rodea; después empieza a ordenar ya más lejanamente. Primero lo que te rodea. No vayas a ordenar el mundo si no has ordenado tu casa. Si tu empresa no está organizada, tu fábrica limpia y bien estructurada, tú no pretendas vender. Lo harás puntualmente, pero irás al fracaso. Quien no esté de acuerdo es, sencillamente, porque está equivocado. Lo digo así para no tener que extenderme dando razones.

Una vez, en la feria de Zaragoza, un visitante al *stand* me dijo que le diese razones para aplicar los abonos líquidos mezclados con el agua de riego en riegos *pivot*. Yo tenía ganas de hablar y poco a poco le fui desgranando ventajas con tranquilidad y bien expuestas. El agricultor decía: «No me convence», y yo pacientemente sonreía y le daba otra y otra explicación, buscando en mi mente todas las posibles. «No me convence», me volvía a contestar. Finalmente le dije: «Lo siento mucho, amigo. Sin faltarle al respeto, quiero indicarle que mis razonamientos son para personas normales. Y para mí usted se separa de los razonamientos lógicos en este campo».

Se enfadó conmigo y llamó a la central en Barcelona, dando las quejas sobre mí. No me pasó nada; lo expliqué y punto. Se rieron un rato y, eso sí, me dijeron que bueno, que fuese condescendiente y no hiciera caso a este tipo de personas. El problema es de ellas.

Esto es un lío: dando argumentos muy razonables y lógicos no convences en algunas ocasiones y otras veces dando argumentos livianos, de los que ni tú mismo estás convencido, pues convences plenamente. Las mentes humanas son fascinantes. No intentes siempre que el mundo te responda con cordura ni que todo fuese razonable. Si fuese así, no sería humano.

Lavado de cara empresarial

Es un tema para ejecutar como ejercicio cada año hacer una revisión de las instalaciones muy detenida, siempre acompañados por el responsable de cada sección, y ver de este modo lo que realmente está mal para que se pueda actuar y la empresa siempre esté en situación de revista.

Es importante, muy importante, que la dirección de la empresa visite con detenimiento y detalle las instalaciones industriales; si no es así, es posible que dichas instalaciones terminen convertidas en un montón de chatarra por culpa de ellos mismos, aunque luego ellos aleguen que el problema ha sido causado por otros. Hay que tener claro que la culpa no es del supervisado, la culpa es siempre del supervisor. Así al menos debe pensar el supervisor (sin decirlo).

El analfabeto

Esta figura ya ha desaparecido en España. Nuestros hijos son muy sabios, van a vivir más años y hoy son muchas más las personas que estudian carreras universitarias, lo cual en épocas pasadas no era posible para gran parte de la juventud.

Hoy podemos decir que la sociedad es más solidaria y cada vez está mejor formada. El mundo camina fuertemente por este sendero.

La presión es buena, siempre que no sea demasiado larga. Tengamos en cuenta, por ejemplo, que con presión el carbono se convierte en diamante. La presión intensa tampoco es mala.

Ahora bien, que cada generación sea más inteligente que la anterior es otra cosa. Puede que así se piense por parte de los nuevos para alimentar su propio ego y por parte de la anterior generación como forma de motivación a la siguiente.

Hoy día los que trabajan mucho, muchas horas, es porque no saben organizarse, dicen los de las nuevas generaciones, los cuales, evidentemente, piensan que lo están haciendo mejor que nadie.

El mundo va por ahí. Lo que no sabemos es dónde irá el mundo. Ojalá vaya mejor, pero parece que las generaciones del esfuerzo son las de pasado y los pocos que hagan esfuerzo en el futuro entiendo que serán los que triunfarán, salvo que tengan mucha suerte.

Yo lo que pasa es que no creo en la suerte, sencillamente. Jamás me ha tocado nada en la lotería. Sigo comprando para Navidad para ver si me cambia el rumbo después de tantos años sin que me haya tocado nada. A lo mejor esto hace que el premio esté cerca, pero antes me moriré.

No quitar lo que tenemos y funciona por algo mejor, pero que todavía no funciona

Es corriente decir que una cosa está mal y que se va a poner otra mejor. Entonces se quita la que está y no se pone ninguna.

Cuando se ha hecho esto, ni tenemos lo nuevo, que era buenísimo, ni tampoco lo anterior, con lo cual nos íbamos apañando. Antes de quitar lo que hay se debe poner lo nuevo.

Lo relatado lo he visto muchas veces en mi vida en general. Así, poco a poco, se va quitando lo que funcionaba y se ponen en marcha nuevas ideas muy modernas de otros temas, que con el tiempo se acaba viendo que no funcionan. Sin embargo, el mundo cada veinticuatro horas da una vuelta sobre su propio eje.

El mundo tiende a la lógica en todos sus aspectos. Lo que ocurre es que hasta que la misma impere de forma general, lo que a lo mejor es una utopía, pues el mundo va funcionando con muchas aberraciones dentro de la evolución de la racionalidad lógica.

Tengamos en cuenta que los humanos somos, en definitiva, bichitos evolucionados, unos animales más inteligentes, en evolución de inteligencia, en los que el 98,5 por ciento de los genes son los mismos que los del orangután.

Exceso de vinagre

El exceso de vinagre en la ensalada agria la misma. «Estoy como si hubieses puesto mucho vinagre».

Lo lógico es, en todo caso, poner solo unas gotas para que esté bueno, no excederse en absoluto con el vinagre, pues se carga uno el plato.

Pensad en ello: no abuséis de avinagramientos, no seáis como el vinagre. Solo vinagre y mucho vinagre es inasimilable.

Libro de temas de debate

Hay un libro, publicado hace muchos años en Inglaterra y que continuamente se actualiza, sobre temas de debate. Se entiende por los mismos que no hay claras soluciones a los temas. Se trata de temas siempre en discusión y que deben estudiarse cuando los temas con solución estén resueltos o haya tiempo, porque estos son muy largos de resolver y son un tanto eternos. Ejemplos:

- ¿Debe prohibirse el boxeo?
- ¿Son machistas los concursos de belleza?
- ¿Deben los colegios tener a los niños uniformados?
- ¿Es justo que el rico pague más impuestos?
- ¿Es bueno que haya juicios televisados?
- ¿Existe Dios?

Y así hasta 134 temas.

En las empresas debería haber una relación de temas para debate y no ocupar solo con ellos nada más que determinadas horas fuera del día a día, pues si son temas muy cuestionables sacarlos a relucir cada día puede hacer que se pierdan momentos para trabajar en los deberes diarios. Y, desde luego, no dan soluciones.

Es recomendable tener una lista por empresas de temas a debate para ocupar las tertulias hablando de ellos, distraerse y no sacar conclusiones. Los temas serios de empresa necesitan otro foro de diferentes características, básicamente con números sobre la mesa y solo interviniendo los que realmente sean responsables de temas concretos.

Libro de hitos

Es fundamental tener un libro de hitos de la empresa. Es el currículum de la compañía y del mismo se pueden y deben sacar, además, muchas conclusiones de gran utilidad.

Hitos, reconocimientos, distinciones, logros… Es el currículum de la empresa. El valor de esta en el mercado debe escribirse y actualizarse todos los años; si no es así, no quedará nada en el futuro, ni siquiera la historia. Solo algún que otro detalle.

Libro de temas destacables de cada año

Aparte de que nos sirve para hacer la memoria anual que acompaña al balance, este libro es realmente una historia resumida de la empresa. Y la historia es fundamental; sin ella no sabemos por qué estamos donde estamos y posiblemente no se sepa a dónde ir. Es la vida de la empresa, el diario anual que debe elaborar, lo mismo que debe hacerlo cada persona. Aunque a uno no le guste escribir, es cosa de hacer un esfuerzo. De hecho, la vida es un esfuerzo continuo.

Sin embargo, estas cosas generalmente no se hacen. Faltan protocolos que seguir, falta método y sobra comodidad.

El pequeño museo

Deben tenerlo todas las empresas. Exponer, bajo llave y en una vitrina, cosas que tienen valor emocional y de recuerdo: un folleto o dos de cada uno que se haga nuevo, las placas de los reconocimientos e hitos, una máquina de escribir de cuando se inició la empresa… En definitiva, un pequeño museo, por llamarlo así, de recuerdos de la vida de la empresa. Por ejemplo, también con fotos añadidas año tras año, que con el tiempo se hacen antiguas.

Guía del detalle

La empresa debe tener un sistema en este sentido, que se practique de forma continua y que la haga distinta a las demás. No se trata de tirar la casa por la ventana, sino de tener una serie de detalles con los visitantes y en las visitas de los directivos. Detalles que hagan a la empresa diferente a las demás existentes. Todo esto tiene que estar claro por parte del equipo directivo.

5. LA PLANTILLA

Los emolumentos han de ser secretos

Las nóminas se deben enviar por internet al correo electrónico de cada uno. Lo mejor es que sean efectuadas por una gestoría externa y pasar a la administración de la empresa solo el total, no el desglose, para que no haya filtraciones. Y en el documento de entrada de cada persona en su incorporación a la empresa hay que indicar que son confidenciales y que informar a los demás es falta grave. Es la única forma de evitar agravios comparativos, que son un tema desagradable, frecuente y desmotivante. El tema de sueldos es dispar, depende de la carrera salarial, depende de muchas circunstancias, y entrar en la polémica de los agravios comparativos es un mal que no se debe admitir. Los sueldos y salarios han de ser secretos y el personal debe tener una alta conciencia de ello. Las nóminas deben hacerse por una gestoría fuera de la empresa que te tenga al día de todos los temas de tipo laboral que vayan saliendo y te dé ese servicio de asistencia.

Conflicto de intereses

Al entrar en una empresa conviene firmar un documento de conflicto de intereses, aquello que la empresa no permite. Yo el primero que firmé fue con Amoniaco Español. No era un manual de instrucciones, que eso es otra cosa, sino dos o tres páginas que me dieron a leer muy detenidamente, pero de las que no me dieron copia, y que firmé porque no había otra opción: o firmabas o no entrabas en la empresa. En ellas, entre otras cosas, te decían que no se quería que hubiese otros miembros de tu familia en la empresa, que no podías encargar trabajos para la empresa a empresas de la familia o allegados, que no podías admitir regalos que superaran un valor muy pequeño que se cuantificaba y si te los hacían debías notificarlo por escrito de forma rápida. No eran muchas, pero sí muy importantes y claras. Estas normas para vulnerarlas en el punto que correspondiese necesitaban autorización por escrito. Si esto se hace al entrar un individuo en una empresa con las normas que la misma considere, sin duda se ahorrarían muchos problemas. Esto podrá ser legal o no, pero el individuo sabe lo que la empresa quiere y cómo ha de actuar. Y si actúa de otra forma sabe que es en contra del criterio de la empresa y ya verá entonces sus consecuencias.

Hay que evitar capillitas y grupos para hablar de trabajo, criticando el mismo. Ello también debe incluirse dentro de dicho documento. Hay criticadores soterrados, que lo hacen a tus espaldas y delante sonríen y te dan cínicamente palmadas de apoyo en la espalda. Si se crean comidillas, reuniones escondidas de pasillo, pueden dar lugar a problemas. Los temas deben exponerse de forma abierta y abiertamente dar razones.

Jubilaciones y bajas

Al jubilarse o producir baja en la plantilla un empleado, debe entregar antes de marcharse (y no después) coche, llaves, ordenador, móvil, etc.

Los documentos, fotos, etc., son propiedad de la empresa, no del empleado. Lo que hay en la empresa es de la empresa; por ello, no conviene llevar a la empresa cuadros con fotos personales y cosas de uno: si pasan a la empresa son de la empresa.

El día que uno se va solo debe llevarse algún objeto personal, pero los archivos, direcciones y documentos técnicos son de la empresa, no del individuo, que puede usarlos en la competencia.

Si utiliza ordenador portátil la desconexión debe ser antes de marcharse, no en el mismo día, y entregarlo; y si utiliza teléfono móvil ha de entregarlo de inmediato a la empresa, porque no es presentable que utilice con cargo a la empresa ningún gasto después de no estar en ella. Todo ello debe hacerse sin prisa y antes de marcharse. Tampoco es de recibo que la empresa tenga que llamar al empleado después de marcharse para solucionar flecos.

Por supuesto, entregar las llaves en el momento en que un empleado firma su baja, ya que pasa a ser un personal ajeno a la empresa, un visitante más. Ya deja de estar en la misma por muchos años que haya estado en ella. A partir de ese momento no está en la empresa a todos los efectos.

Por supuesto, los ficheros informáticos, informes técnicos, etc., son propiedad de la empresa, nunca del empleado, aunque los haya hecho el mismo, y ya las empresas hacen que se firmen documentos en este sentido.

El que se jubila se olvida en el momento de producir baja

Esto es así. El que se jubila se olvida; por supuesto, el que se va todavía se olvida más. El que se jubila ya es mayor y esto lo sabe, no le extraña nada. Sabe que su etapa pasó. El menos curtido puede pensar de otra manera, más bien absurda. Diría una frase que puede sonar a tontería: «El que firma la baja deja de estar en la empresa en ese momento». Parece que algunos no lo entienden y es bastante elemental.

Las arrugas

El querer quitarse arrugas, sobre todo las mujeres, para parecer más jóvenes es debido al canto continuo de «juventud, divino tesoro». Las arrugas son el mapa de carreteras de la vida. El alma, la intelectualidad, no tiene fecha de caducidad. ¡Qué tontería querer parecer joven! Estereotipos que nos han vendido sin fundamento por la prensa y televisión y sus anuncios, hechos para vender.

Estamos en la época del canto a la belleza y, bueno, hay que ver la belleza en lo que hay y adecuarse la misma a ello. A una señora mayor sin arrugas la veo fatal. Yo las veo más bonitas con arrugas. Conozco a muchas señoras mayores que son auténticas bellezas y ellas piensan que no, que ello es patrimonio de las jóvenes. ¡No lo han entendido todavía!

Plan de entrenamiento para recién llegados

Sí, esto es fundamental, ha de haber un plan de formación. Aunque el incorporado tenga mucha experiencia, debe conocer la empresa, sus objetivos, a sus compañeros, la política de la empresa, lo que se le pide, las normas, etc. Hay que dedicar todo el tiempo necesario. Ello nos evitará problemas y pérdidas de tiempo multiplicadas posteriormente y actuaciones no adecuadas por no haberle documentado en su momento debidamente. Generalmente, adaptarse a la nueva empresa, sus objetivos, sus clientes, etc., supone un período largo, al menos seis meses. Y ya si es tu primer trabajo no te quiero ni contar, al menos dos años. Por ello, el empleado que se marcha cuando apenas ha aprendido y cuando estaba para empezar a ser rentable es una faena para la empresa, la cual ha perdido lo desembolsado, además del tiempo dedicado al mismo en su entrenamiento más el tiempo perdido en el desarrollo empresarial.

Al entrar en una empresa todo es una delicia y al salir todo es un problema

Contratar es fácil y las promesas, más que habituales. Después el trabajo ya es otra cosa. Y si el empleado falla, ¿qué hacer? El problema es no esperar demasiado y despedirlo si se está muy seguro de que no es apto sin que llegue a estar mucho tiempo. Entonces el tema es complejo porque, aparte de más dinero en el despido, sobre todo entran factores emocionales muy diversos en ambos lados.

Hay que tener por ello un equipo muy profesional e implicado. Ocurre que preparas a una persona y cuando has invertido en ello mucho tiempo y dinero le sale otro trabajo mejor y se va de la noche a la mañana, dejándote tirado, dejándote en pelotas cuando más lo necesitas y si te vi no me acuerdo. Realmente decepcionante.

Aquí hay injusticia porque el empleado puede irse cuando quiera; sin embargo, la empresa no puede despedir a un empleado sin pagarle. No hay un correcto paralelismo. Cuántas veces en mi vida he dedicado muchas horas a nuevos empleados y cuántas veces, de pronto, les han ofrecido algo mejor y sin dudar se han comprometido y se han ido, sin posibilidad de nada por tu parte, dejándote hecho polvo cuando habías apostado por ellos. Y ello ocurre no solo con nuevos, sino con personal con experiencia al que se conoce desde hace tiempo, empleados que oyen cantos de sirena y se van corriendo. Después resulta, por lo general, que allí donde fueron las sirenas no eran tales y perdieron en el cambio, pero eso es otra historia. Es una historia ajena a la empresa.

Despidos

Yo tengo claro que las empresas no quieren despedir a nadie ni causar daño a nadie. Esto es humano y evidente y es así. Ninguna empresa ni empresario quiere despedir y, además, en lo posible quieren crecer. Cuando se llega a estos extremos es a pesar de ello, por causas objetivas de resultados de la empresa, de rendimiento del trabajador, por problemas graves de integración en equipo. No creo que se tomen por «manías». Las empresas por sí mismas lo que quieren es aumentar y crecer y que todo funcione bien y con un equipo en buena sintonía, salvo algunos autónomos o negocios pequeños, que consideran y ven más seguro tratar de obtener su propio sueldo, por llamarlo así, y no correr altos riesgos como los que supone la empresa de más volumen. Y seguramente llevan mucha razón. El autónomo es otra actividad distinta, no es una empresa. Es un señor que, sin estar en nómina ninguna, con su propio seguro, se busca el trabajo día a día. Generalmente, los autónomos son la consecuencia de no haber encontrado un empleo adecuado por cuenta ajena, ya que en los mismos el factor incertidumbre en el futuro es, evidentemente, muy alto.

Esto del empresario sin corazón creo que es más propio de propaganda política y no de la realidad, donde hay casos, lógicamente, pero mínimos. Lo que ocurre es que, lamentablemente, los políticos, en buena mayoría, no han trabajado en empresas, lo cual es un problema terrible: hablan de lo que no saben.

Los despidos, como los he visto toda la vida, son un escrito y la frase: «Y no vuelva usted mañana, que le haremos en pocos días la transferencia». Cuando se le dice al empleado que el despido, por ejemplo, será dentro de un mes, ese mes es fatal para todos y causa de problemas internos en la empresa. Los despidos han de ser fulminantes. Obviamente, tomada la decisión después de un análisis muy detenido, como es lo propio y general en todos los casos que he vivido (y que son muchos) en mi vida. El despido es desde ese mismo momento.

El olvido del que no está

El empleado debe ser consciente (también, por supuesto, el gerente, como empleado que es) de que si causa baja en la plantilla, en el momento en que sale por la puerta el último día de trabajo toda vinculación ha terminado, no hay más, es un corte radical. Esto no es tema de gerente, sino de todos. Es así. Entre otras cosas, no puede ser de otra manera.

También en alta medida debe entender que él ha estado, por ejemplo, muchos años en la empresa (cincuenta, por decir una cifra), pero que la misma no le debe nada. Lo que la empresa debe al empleado lo paga a final de cada mes y con la indemnización que corresponda, que será mayor si es por despido que se considera improcedente en términos legales (aunque la empresa, cuando lo hace, evidentemente es procedente, pero en tema legal la ley laboral es raro que le dé la razón al empresario; se la da al empleado y el empresario a pagar, es lo habitual). Y si al empresario este pago le supone un serio contratiempo, pues que se fastidie. Quizá por ello ser empresario es un puesto no deseado; son muchas las dificultades e incertidumbres.

La cuenta personal a final de mes

Hay muchos empleados que, entregados a su trabajo, piensan que la empresa está en deuda con ellos. Es un tema que recalco porque es un grave error. Esto me lo explicaron hace muchos años: «José Luis, a final de mes la empresa te paga y tú cobras tus servicios, la empresa salda su deuda y ya a ti no te debe nada. Bueno, siempre te cabe la indemnización por despido, pero salvo ello, en su caso, la empresa no te debe absolutamente nada».

Esto muchos no lo saben y debe ser enseñado en las escuelas. Es que tampoco puede ser de otra forma. Otra cosa es que estén agradecidos y te feliciten las Navidades. En fin, la vida es esta, no hay que equivocarse. No es que se porten mal contigo, es que tú no estás preparado.

Tú estarás de acuerdo con tu remuneración o no. Si no estás de acuerdo, vete de la empresa. Lo que no puedes hacer es robarle trabajando poco, por ejemplo.

En la Administración del Estado el funcionario es otra cosa, otra galaxia. Tiene un empleo «de por vida», sabe que no le echarán nunca, salvo alguna causa muy mayor, así que puede a lo mejor trabajar poco y así tener departamentos ineficientes, obsoletos. Es lo que se desea para los hijos, que sean funcionarios. Hay organismos en los que esto no es así, pero en la mayoría sí que lo es y así tenemos por lo general, salvo contadas excepciones de departamentos, una Administración lenta, pesada y, por supuesto, muy cara.

Funcionamiento del ser humano

En los colegios habría que tener una asignatura cuatrimestral sobre el ser humano, sus enfermedades y su alimentación. Ello serviría mucho a las personas y sería un buen ahorro para la Seguridad Social. Muchos temas de enfermedad son evitables conociendo un poco el organismo humano.

Las grandes decepciones con las personas más cercanas

Esto ocurre de forma frecuente si depositas en alguien la confianza plena, lo ves como persona íntegra y honesta y con esa buena fe trabajas, lo tratas y él te trata a ti y lo consideras hasta un buen amigo y colaborador y después ves que tú vivías en el limbo, que no es persona honesta y que ha engañado miserablemente a la empresa. Aquí se sufre mucho. Ya no hablo empresarialmente, que también y mucho, sino personalmente. Ves que tu amigo te ha clavado un puñal por la espalda en tus sentimientos y a la organización, a la empresa, de alguna forma. Estas cosas te quitan el sueño, las traiciones con premeditación y alevosía, el sentirte totalmente engañado porque tú, confiado, ni te lo imaginabas. Los deshonestos, los no limpios, creo que al final la pagan. No solo hablo de empleados, sino de clientes amigos que, engañándote, no te pagan. En fin, decepciones humanas que solo dan las personas en las que confías. Ello te hace, en definitiva, no ser confiado en tu manera de ser, que no es lógico, pero es así. A lo mejor cuando de ello aprendes ya estás jubilado. Es lamentable tener que decir: «No te fíes de las personas de más confianza». Es mejor en la empresa no tener confianzas con nadie y estudiar el comportamiento de todos los supervisados. No te fíes de los pelotas; por lo general, el «peloterismo» es una artimaña del engaño.

Hacer un buen organigrama sobre el papel es muy fácil

Es cosa de tener lápiz y papel y hacer bonitos cuadros teóricos con el conocimiento de las personas e intentar que el puzle encaje. Quedan realmente muy bonitos. Después, al poco tiempo, verás que no funciona y te encontrarás el problema de tener que bajar de responsabilidades al que se las habías dado y aquí viene un problema de desmotivación y secuelas. El cambio a mejor no debe ir acompañado de aumento de sueldo hasta que pase un tiempo prudencial y se compruebe que desarrolla su nuevo puesto con eficacia. Entiendo por eficazmente a gusto de la empresa y no del trabajador, lo cual es muy diferente. Todos nos creemos que lo hacemos estupendamente.

Los organigramas sobre el papel, como es tema de personas y las mismas somos imprevisibles en muchos casos a la hora de funcionar, seguro que salen mal en muchos puntos. Las personas somos complicadas en buena medida. Eso es así de claro. Una cosa es lo que deseamos y otra cosa es lo que es. Quizá lo primero es que estén las personas cada una en su sitio, con su trabajo, organizar los trabajos empresariales, y después pintar en el organigrama lo que hay. Seguro que funciona mejor. Lo otro es como debería funcionar si las personas respondiesen, que es distinto. Además, habrás aumentado la plantilla de forma considerable con el consiguiente gasto empresarial y con el consiguiente riesgo de poder estar funcionando tal empresa en el futuro.

El informe cinco por cinco

Se trata de hacer todos los lunes un escrito de pocas líneas, diciendo lo que has hecho o visto que es importante en la semana pasada. Brevísimo y solo cinco cosas. La elaboración de estos informes por parte de todo el personal es sumamente importante en todos los aspectos. Entre otras cosas, se conoce al personal en su trabajo. El que no lo haga es porque no es una persona disciplinada y entiendo que debe retrasarse el cobro del sueldo hasta no recibir el mismo.

En general, como el personal tiende a ser indisciplinado, cómodo y estar fuera de control en lo posible, pues estas cosas, como todo lo que es orden, dejarán de hacerse. El personal tiende a la rutina y al descanso, pero por lo menos un pequeño informe semanal de media hora. Es una estupidez que digan que no tienen tiempo.

¿Es bueno que la familia directa trabaje contigo en la empresa?

Siempre me han vendido que no y que ello es malo, aunque mi mujer ha estado trabajando conmigo unos años y me ha venido estupendamente en todos los órdenes. A pesar de ello, estimo que no debe haber familiares en la misma empresa, ni en empresas que se contraten debes tener familiares. Puede ser una decisión polémica, pero bueno, es una forma de pensar. Parece que Mercadona opina de diferente manera.

Veo más lógico que tu mujer, si eres autónomo, trabaje contigo. ¿Qué mejor colaborador puedes tener en un negocio familiar? Eso sí, como excepción. O el hijo que te sucederá, o bien tu marido si la empresaria es ella. Esto como excepciones.

Hay empresarios que entienden que es mejor que su pareja no trabaje en la misma empresa. Yo en ello tengo grandes dudas. Creo que es mejor que trabajen juntos. Es un caso diferente.

En cuanto a familia de empleados en la misma empresa, es un tema que apunto a que no es bueno. No se trata de pagar al empleado con esta recompensa. Si a la empresa le va mal con uno, entonces tiene un problema con los dos. Creo que es mejor que no haya familiares de un trabajador en la misma empresa. Es duro, pero esto debe estar normalizado, no puede ser hoy una cosa y mañana otra. Y sin excepciones.

En cuanto a hijos y nietos del empresario que trabajen en la empresa, el tema se complica, pues ya no son meros empleados. Es mejor que trabajen en otras empresas. Si una empresa es de varios y se ponen a trabajar los hijos de estos es un lío. Que haya uno de gerente y otro de carretillero: la guerra se inicia. Y en la empresa no debe haber guerras ni políticas para que no acabe como el rosario de la aurora. Sí, lógicamente, deben trabajar en la empresa los hijos del empresario que en el futuro liderarán la misma, aunque no todos.

Cuando los sentimientos entran por puerta, la razón sale por la ventana.

Si metes a un vecino en la empresa

Si logras que un vecino sea contratado para trabajar en tu empresa, la empresa tendrá un problema y tú, que quizá pienses que has hecho una buena acción, tendrás otro, con el vecino y con la empresa. La empresa no es una ONG. Es un lío que para tener amigos metas vecinos que, agradecidos, te apoyen. Un lío y un problema. Debes andar solo y no mezclar el dinero con el amor. Es difícil separar, lo sé, pero más vale atenerse a indicar que hay unos protocolos para ello que tú no puedes vulnerar.

«A mí no me pagan por pensar»

¡Qué chorrada! ¿Para qué sirve alguien que no piensa? He tenido en mi vida varias contestaciones así de varias personas que, lógicamente, han aportado bastante poco a la empresa donde han estado.

«Yo estoy haciendo esto, aunque no esté de acuerdo, porque así me lo han ordenado». Otra chorrada. Si no estás de acuerdo, enfréntate a tu jefe y discútelo.

Este tipo de personas apártalas y si te equivocas, bueno, qué vamos a hacer. No lo puedes hacer todo bien y aplicaste criterios claros.

La motivación

Muy en boga, como si el resultado de una empresa dependiera de ello. La motivación es meramente temporal, dura poquísimo, no sirve, solo es válida para momentos puntuales. Lo que vale es la automotivación, la profesionalidad. La motivación no se da, la motivación se tiene o no se tiene y no depende de cursos de formación, los cuales los que los venden dicen que son muy buenos.

Otra cosa es el trato correcto y algún acto de convivencia programado anualmente. En los mismos se ve que mucho personal no va, no quiere convivir, no quiere ni eso, ni siquiera estar un día con los compañeros. Lo demás son excusas. Esto pasa siempre en todas las empresas. Somos así los humanos, bastante inhumanos. Yo soy de la opinión de que el personal de la empresa debe asistir a dichas jornadas de convivencia, salvo casos justificados. Es decir, es un acto preceptivo. Y si un empleado no va, ojo con el mismo. Quizá sea una persona que a la empresa no le interesa.

Motivación, necesidad de tener el equipo motivado, cursos de motivación, hay que motivar. Que Dios me perdone, pero en esto soy un escéptico. Creo que la motivación es un asunto muy pasajero, que dura muy poco; es interesante, por ejemplo, en la arenga del entrenador antes del partido, pero no es la forma vamos a llamar permanente. Creo en la profesionalización, eso sí. La desmotivación, en definitiva, estimo que es falta de profesionalización y un término que sirve para distraernos. Siendo profesional no hace falta motivación ni historias. Si estás desmotivado deberías ir al psiquiatra.

Las personas, generalmente, no pensamos mucho

Lo que hacemos generalmente es especular, evaluar y comparar. Pensar ¿para qué? Las sombras, como no se ven, se rellenan con lo que nos parece, no con la verdad. En vez de pensar a fondo, simplemente nos dejamos llevar por lo que vemos o, lo que es peor, por lo que se nos ocurre pensar, que como ocurrencia si tiene que ver algo con la realidad es pura casualidad.

La cebolla

Tiene muchas capas, no sé cuántas, por ello digo muchas. No sé si toda las cebollas tienen el mismo número, supongo que no, pero si les quitas capas y capas al final no tienes nada entre las manos y estás llorando con la dichosa cebolla. Hay muchos hombres cebolla; mejor dejarlos como están y no quitarles las capas. Te evitarás llorar.

Ojo, no soy para nada un decepcionado de la especie animal humana, ni mucho menos. Es fantástico que, siendo animales, estemos evolucionando tantísimo. ¡Qué maravilla! Y seguro que en general seguiremos mejorando y la humanidad cada vez será mejor. Eso sí, con garbanzos negros. Con excepciones que tanto daño hacen a la generalidad por comparación.

Lo de delegar

Es un error. Para que esto funcione delego esto a fulano y esto otro a mengano y yo me voy tranquilamente a casa. Esto es un error; normalmente, la mayor parte de lo que se delega no funciona. Hay que supervisar, controlar, ver y examinar lo que delego y lo normal es que lo que delegues no se haga y que tengas que quitar a los que has puesto y tengas que buscar a nuevos, que a lo mejor tampoco sirven. Te llevarás muchísimas decepciones. Es que las delegaciones no se dan, no se entregan. Las delegaciones se toman por parte del empleado, se adquieren con su trabajo. La autoridad en una empresa no es un don que se concede, es un don que se ejerce por el empleado y este don puede que no lo tenga en muchos casos.

Si delegas mucho tendrás muchos problemas. Entonces debes medir qué delegas y en quién y si la persona asignada para cumplir ese trabajo está preparada y mentalizada para cumplir con aquello que delegas en ella no con palabras, sino con hechos.

Con los nombramientos hay que tener mucho cuidado. Si nombras y no te funcionan, ¿cómo los «desnombras»? Muchas veces es un problema. Es mejor que se tome un puesto sin nombramiento y con el tiempo, si hay empleados que hacen méritos, nombrarlos. Es esto muy incómodo para todos, pero la vida no son unas vacaciones cómodas, al menos lo veo así. La comodidad es cosa de jubilados.

Lo de vida cómoda, si no la consigues, entonces te queda el paraíso. Porque estamos aquí para trabajar, producir y después descansar. Quien no lo tenga claro es un problema, sobre todo económico. Trabajar y ahorrar; ya tendrás tiempo probablemente de gastar. Y si no, pues sencillamente te fastidias y punto. Yo lo que he visto en mi vida es que aquel que no se sacrifica de joven lo pasa mal de mayor. A lo mejor trabajando también, pero en muchos menos casos. Es una lección que he visto muchas veces.

Yo cuento de vez en cuando que he delegado mucho (algunos no están de acuerdo y no lo entiendo), he procurado delegar al máximo (otra cosa es que no haya encontrado muchas veces a quien fuese responsable de asumir lo delegado). Toda mi vida laboral he estado delegando y delegando con el ánimo de trabajar lo justo. He delegado, pero no conseguí trabajar menos, solo «mandar». Y al delegar y delegar y solo mandar terminé siendo un perfecto inútil.

No confiaba

Se fueron algunos voluntariamente, sin que intentara retenerlos. En algunos casos ello era posible, me refiero a retenerlos, pero no confiaba en ellos y dejé que se marcharan. Me dijeron que en otra empresa habían triunfado y pensé que me equivoqué.

Pero no me equivoqué: me habían dado una información no correcta.

En definitiva, si no confías en alguien es mejor que no esté contigo y que le vaya muy bien por ahí. Pero los milagros creo que existen poco.

Si confías, defiende, siempre que lo tengas muy claro. Y tampoco te pases, pues tienes un porcentaje no pequeño de posibilidades de equivocarte.

Siembra un acto y seguramente recogerás un hábito

Esto ocurre con las siembras. Si no queremos que se reproduzcan, ojo, no añadir semillas a un buen terreno. Discernir bien entre actos y hábitos.

Siembra un hábito y recogerás un carácter.

Siembra un carácter y recogerás un destino.

Son frases que tengo anotadas desde hace tiempo, hacen reflexionar. Es mejor no tener hábitos inadecuados.

Valores que ha de tener el personal de una empresa

Debe haber un código de valores que se ha de procurar cumplir, entre ellos pedir que si decidimos marcharnos dejemos un espacio de tiempo para que se pueda poner un sustituto adecuado y acometer su formación, por ejemplo.

También deben establecerse algunas recomendaciones de carácter general, tales como asistir a los actos que la empresa organice para todo el personal, tener las mesas de trabajo debidamente ordenadas (y, por supuesto, despejadas de papeles) o una lista de temas pendientes y la fecha en la que cada uno de estos puntos debe estar cumplimentado.

En fin, este documento de recomendaciones actualizado lo puedes ver de vez en cuando y que sea entregado y firmada una copia por cada empleado.

Cada empleado debe saber que el puesto no es para toda la vida y que la empresa lo puede poner donde considere más oportuno para la misma.

Las limitaciones

En cuanto al personal, cada uno tiene sus características, sus peculiaridades, sus limitaciones y su capacidad. Y las limitaciones son muy difíciles de cambiar, diría que prácticamente imposibles. Por ejemplo, si hay un señor al que no le gusta escribir o no escribe nada, muy difícilmente vas a hacerle escribir. Con insistir e insistir, decir que es obligatorio, etc., al final consigues que lo haga un día, pero no dos ni de forma constante. Cambiar las limitaciones es más que imposible. Es mejor dedicarse a que sus capacidades se potencien en lo que tenga afinidad y no perder mucho el tiempo en hacer que haga lo que sabes que no va a hacer.

Teléfono particular

Si un empleado no quiere dar su teléfono particular a la empresa u otros datos por el estilo lo mejor es no contratarlo y así la empresa tampoco tiene que dar los suyos. Es necesario saber cómo contactar con el personal y tener nombres de su familia y teléfonos para casos de emergencia. «Yo no doy mi teléfono particular, no vaya a ser que se me moleste». No lo veo admisible. Mire usted, no pienso molestarlo, no me dedico a eso. Sí quiero que tengamos su número para casos de una necesidad concreta.

Las promesas

En política las promesas se hacen para no cumplirlas, en la empresa las promesas se han de cumplir. Si hay dudas, más vale no hacerlas. Es mejor no hacer promesas, sino mostrar hechos concretos en su momento. Con los cambios vertiginosos de la vida actual puede que cuando haya que cumplirlas no sea posible. Es mejor no hacer promesas, es una medida profiláctica deseable.

Las mujeres en la empresa

Siempre he tratado a las mujeres con mucho respeto, así me lo enseñaron. Además, hemos venido al mundo por ellas y ellas nos han cuidado de bebés, de niños, de mayores… No entiendo lo del machismo. Una vez dije de broma que lo era y hubo quien no lo entendió así. Es mejor no dar bromas diciendo una cosa por otra.

Y no veo machismo en las personas con las que me relaciono, veo admiración por las mujeres. El que tenga altos cargos, sinceramente, prefiero que se los asigne a mujeres que a hombres. Soy un admirador de ellas en todos sus órdenes, aunque ello no quita que haya algunas de las que mejor no hablar. Pero bueno, en los hombres pasa lo mismo. Somos muchos y diferentes.

Mi madre para mí fue un modelo de rectitud, de bondad y de tolerancia, de constancia y de sacrificio. El que el jefe sea un hombre o mujer es lo mismo para los subordinados. Si hay pocas mujeres con cargos directivos es consecuencia de la historia y de los trabajos manuales.

Yo nunca he visto en las empresas donde he trabajado que por motivo de sexo haya discriminación salarial. Vamos, no lo he visto ni remotamente.

La discriminación

Nuestra madre es una mujer, la que nos cuida es una mujer. Hoy día, con el trabajo en casa cada día más automatizado, por llamarlo así, es lo lógico que la mujer tenga un puesto igual que el hombre, algo que antes no ha podido. Pero examinar lo de antes es entrar en un túnel que no tiene sentido. Hemos de ver el presente y el futuro. Antes, hace no muchos años, el nivel de vida era muy distinto, porque el hombre en buen porcentaje trabajaba en el campo y la mujer en casa. Hoy todo ha cambiado; el trabajo en casa es muy distinto y en la calle también.

El hecho de que en la empresa tenga el mismo trato la mujer que el hombre yo creo que nadie lo cuestiona, salvo alguna mente poco desarrollada que haya por ahí, que yo, afortunadamente, no conozco.

Las discriminaciones por raza creo que ya están caducas y la discriminación por religión quizá la haya en algunos grupos y no le veo ningún sentido. Tardará poco en esfumarse. Sí es bueno que la vestimenta del inmigrante se adapte al país que lo recibe. La discriminación por edad es quizá propia al tener los más jóvenes menos experiencia, son los aprendices. En cuanto a discriminación por categorías de trabajo, yo creo que eso es antiguo. En las empresas modernas yo no lo he visto.

La palabra discriminación creo que solo es nefasta, en primera medida, para el que tenga pensamientos discriminatorios. Hoy en día, en la sociedad moderna, ello no cabe, no tiene sentido. Por supuesto, el gerente debe pensar así e imbuir este espíritu en su empresa, aunque creo que no es necesario, todo el mundo lo sabe. Otro punto de vista, sencillamente, no es tolerable.

Creo que no hay amigos y enemigos, sobre todo enemigos, y creo que formamos un bloque, que es el mundo, donde hay muchos rezagados que todavía no han comprendido su incorporación. La discriminación es una palabra que debe desaparecer con el tiempo del diccionario por obsoleta y ser sustituida por comprensión, respeto, educación y tolerancia. Ahora bien, en la empresa hay que escoger el personal más adecuado para el mejor destino de la misma, obviamente.

Es muy buena persona, solo tiene un pequeño problemilla

Es una táctica de cargarse a una persona, ensalzándola en una serie larga de ventajas e indicando que solo tiene un «problemilla» sin importancia.

El problema «sin importancia» debe de ser lo suficientemente grande para cargarse todo lo expuesto. Es una práctica habitual en las grandes empresas, ya muy estudiada. En la mayoría de las grandes empresas hay políticas, grupos políticos empresariales que no tienen que ver con la política como tal, sino grupos que apoyan una tendencia u otra, a un líder empresarial u otro. Esto es malo para las empresas.

No es lógico actuar por influencias de grupos. Los grupos de presión, los grupos de pasillo que horadan la empresa, hay que eliminarlos. Lo que los empleados deben decir ha de ser a los supervisores, sin tapujos y sin miedos. Desde luego, no con exigencias, sino con sugerencias. Excepto, lógicamente, en los temas de seguridad y de evitación de accidentes.

Cómo lograr que las notas de gastos y otros documentos básicos se hagan puntualmente

Creo que el único sistema es retener el pago de las nóminas hasta que no se reciban los mismos. Es una solución efectiva y eficaz para aquellos temas elementales que conviene llevar al día. Para que no se atrasen hay que aplicar esto en pocas cosas, concretas y claras.

No fiarse de nadie, sobre todo de amigos

Lamentablemente es así, no conviene mezclar la amistad con el trabajo. El trabajo se mezcla con el compañerismo, que es otra cosa. Hay que estar siempre observando y pendiente de los más cercanos. Generalmente, los que practican la deshonestidad la camuflan en lo que pueden con cierto alto grado de lealtad. El no fiarse de nadie es una necesidad, estableciendo medidas y normas que procuren evitar traiciones profesionales, marchas de la empresa de la noche a la mañana de puestos clave que te dejan desamparado, incluso otros temas más graves como el hurto o el robo, el cual, evidentemente, no tiene perdón alguno. Es necesario tener todas las alarmas activas y estudiar protocolos al efecto para evitar situaciones de grandes problemas empresariales, directos e indirectos.

Con educación nadie debe molestarse

Se debe hablar claro, con detenimiento y ponderación, y nadie debe molestarse. Y si se molesta, entonces es culpa del otro, no tuya. Pero sí hay que dialogar cortésmente casi siempre. Hay otras veces en que no merece la pena hablar porque ya de antemano sabes que todo lo que digas irá en tu contra. Cuando un tema es delicado, mejor que haya un testigo a ser posible.

La búsqueda de la felicidad

Cada uno se establece unos criterios sobre la misma muy distintos. Lo malo es que si los pone inasumibles, como no los va a obtener siempre será un desgraciado. Si pones los requisitos para tu felicidad cortitos siempre irás por encima de la previsión y serás, en definitiva, más feliz. Como en todo, es cosa de tener unas previsiones bien hechas en la vida empresarial y en la personal, en sus más amplios aspectos.

De todas formas, la austeridad, que no es cicatería, es una actitud prudente ante la vida, ya que los derrochadores generalmente tienen un futuro negro.

La tolerancia, que es lo contrario a la intransigencia y que tiene una escultura de Chillida dedicada en Triana (Sevilla), junto al río, es muy necesaria, lo que no implica que tolerar sea admitir. Es simplemente escuchar y dejar pasar.

En la lista de requisitos es necesario poner: «Ser un magnífico profesional». Querer aprender y mejorar. Es decir, tener claro que para ser feliz te tiene que gustar el trabajo y que este no es una maldición bíblica, sino un requerimiento humano.

¿Qué es la felicidad? La definición que más correcta me parece es: «Una monotonía simpática, sin ningún hecho trascendente ni intrascendente». Es decir, un aburrimiento.

De cajero en un supermercado a ministro

Me parece una barbaridad tremenda. Hemos de ir a ministros muy preparados en su profesión si queremos avanzar. Muy documentados. Creo en los tecnócratas experimentados. No podemos dejar pilotar el avión a cualquier pasajero.

Conozco a personas cuyo único objetivo en su vida ha sido disfrutar

Solo eso como base de la existencia, como objetivo permanente, y después no han sido al final felices. Cuando ya han disfrutado, no les queda nada para disfrutar. Si trabajas y no tienes ocio es un problema, pero creo en ello: el ocio ya vendrá, por lo general. Primero trabaja y después descansa. Lo contrario es imposible. Si tu vida, en vez de en el trabajo, la enfocas en el descanso y en la comodidad y no en el esfuerzo, mal te irá. Al menos es lo que he visto en muy numerosos casos en mi vida. Esto, conclusiones de mi vida, lo relato aquí por lo mucho que he visto y observado.

Aparte de que el trabajo bien hecho es un disfrute. El trabajo no es una desgracia, sino un don que Dios concede a los elegidos. Hay que tomarlo así, queramos o no. Holgazanear no es bueno ni para el cuerpo ni para el alma ni para nada.

Difícil ser mandado

Hay dos tipos de personas: las que mandan y las que reciben instrucciones para hacer. Esto es, a grandes rasgos, la realidad. Todos somos líderes de nosotros mismos y siempre somos mandados por otros o por las circunstancias, que es lo mismo.

Todos somos mandados y todos debemos mandar; si no mandas el viento te hace girar cual veleta. En definitiva, mandar es guiar, conducir al menos tu propia vida y respetando todas las demás, sugerir lo que estimas bueno para la misma con suavidad.

En la empresa hay que procurar crear equipo y colaborar con la misma a alcanzar los mejores resultados no solo a corto plazo, sino siempre pensando en el futuro.

¿Tú de qué grupo eres? ¿De los que les gusta mandar o dirigir o de los que les gusta hacer lo que les manden y no tener las responsabilidades directivas? Debes tener claras tus predilecciones para elegir el camino de tu vida.

Un directivo al que no le guste dirigir: menudo problema para la empresa y para él. Cada cual ha de elegir su tendencia. Yo nunca hubiese sido submarinista, alpinista ni corredor de motos y coches de carreras. Aunque no hubiese tenido otra opción, desde luego no tomo estas.

6. LAS EMPRESAS SUBCONTRATADAS

Cada día existen más empresas de servicios

Es lo que hay en general, la estructura de la sociedad va por ahí. Está muy bien que vaya por ahí, que haya una industria de servicios, que es, en definitiva, un complemento a otras. Lo lógico es tener una industria básica competitiva que dé fuerza. Es un tema que siempre me ha preocupado el que nuestra industria grande se venda a multinacionales, cuando somos nosotros los que hemos de aumentarla y crear multinacionales. Hemos de pensar más en el futuro y obrar de acuerdo con él.

En cuanto a la subcontratación, es hoy día indispensable. Por ejemplo, un caso que yo he vivido: si hay una fábrica con cuatrocientas personas y tiene un comedor, el mismo necesita cocineros, personal de limpieza, compras de alimentos en el mercado y control, lo que no siempre es posible. Todos los problemas se resolvieron contratando una empresa que se encargó de este servicio a un tanto por servicio, con unos tiques. Para la empresa es mucho más sencillo y lógico. Lo mismo que el tema de vigilancia de las instalaciones mediante guardias. Había un problema de mucho personal, de turnos de baja por enfermedad. El tema se solucionó contratando una empresa de seguridad. Se acabaron los problemas, los cuales no eran básicos para la empresa, pero que por su dedicación y tiempo le impedían dedicarse a lo fundamental.

En la empresa hay que centrarse en lo fundamental y contratar los servicios. Esto hoy creo que ya no se discute. Con la subcontratación la empresa gana en agilidad, disminuye burocracia, tiene menos riesgos y puede controlar el gasto mejor, entre otras muchas ventajas.

Hay muchas cosas que no se pueden subcontratar

Hay quien piensa que se puede subcontratar todo, lo cual no es posible. Cuando te pidan un imposible es mejor decir: «Lo siento, no estoy capacitado para ello. Si tú, que me lo dices, lo tienes claro, es mejor lo hagas tú. Y pon a una persona que lo pueda hacer, yo no sé».

Hay quien dice que la empresa ideal es aquella en la que puedes subcontratar todo, hay quien dice que no se debe fabricar nada y solo comprar y vender. Se dicen muchas cosas, cada uno tiene sus opiniones. El gerente ha de tener claros los objetivos y la trayectoria y solo acometer no lo que se le dice, sino lo que entiende y comprende que es lo mejor para la empresa. Lo que se le dice es cosa de discutirlo hasta que se tenga claro. No se puede andar a ciegas en aquellos terrenos resbaladizos en los que no se confía. Hay que tener objetivos claros y bien sopesados, comentarlos y que tu superioridad esté de acuerdo, obviamente, antes de pasar a la acción. Hacerlos realidad, que es otra cosa.

Hay muchos que hablan muy bien, pero hacer hacen poco. De esta estirpe hay muchísimos.

7. LOS ASESORES

Un buen asesor, demostrado y experimentado, una vez me comentó: «Si los asesores de empresas fuesen buenos, en vez de asesorar a directivos sobre lo que estos tienen que hacer para que las cosas le vayan muy bien harían directamente lo que va bien. No te fíes de los asesores. Ellos aconsejan, pero tú debes calibrar lo bueno y lo que no lo es».

Me dan mucho miedo los que se dejan llevar por asesores. Está bien escuchar, por supuesto, pero el directivo tiene que tomar decisiones no por consejos, sino por sí mismo, por convencimiento propio. Lo demás es tirarse sin paracaídas, a lo que Dios quiera. Los asesores son informadores y tú debes contrastar, no son jefes. La responsabilidad es tuya, del asesor nunca.

Cuando los asesores se equivocan, como ya están acostumbrados, tienen una especial habilidad para nunca aparecer como culpables, sino todo lo contrario. Ellos te dirán que ya te avisaron (aunque tú no recuerdes absolutamente nada) y que, obviamente, la culpa es tuya.

Si un asesor te dice cómo tienes que proceder en un tema importante, búscate a otro u otros y contrasta recomendaciones. Verás como te sorprenderás.

Tú debes elegir lo menos malo, lo de menos riesgo económico, lo mejor para la empresa, no el asesor.

Es una barbaridad que el que tiene dudas contrate a un asesor para que, en definitiva, mande. El gerente (o el empresario) debe escuchar, eso sí, pero las decisiones no deben tomarse porque otro lo dice, ya sea desde dentro de la empresa o desde fuera. Las decisiones tienen que ser tomadas por el responsable de ellas, no se pueden delegar. La responsabilidad no es delegable aunque se diga que sí y aunque otro la asuma. En definitiva, no sirve. En caso de problema, el mismo viene directamente a ti.

Los maestros

Yo en este tema no digo que sean los asesores. Alguno de ellos puede serlo o no serlo. Maestros considero a aquellos de los cuales el gerente aprende bastante y son clave en su desarrollo profesional. A mí, aunque no pretendo hacer una lista, me viene a la cabeza uno, el señor José Moral, en su momento alto directivo en la administración de Explosivos Riotinto y después en Fertiberia, presidente de Incomet (donde yo fui consejero), presidente de Coprisa-Poitimill (donde igualmente fui consejero) y después asesor de Herogra, básicamente en control de costos. De sus pacientes enseñanzas y apoyo he recibido un caudal de conocimientos, que integran en buena parte mi configuración de conocimientos empresariales y su gestión. El número de integrantes de la categoría de maestros tiene que ser muy limitado porque son externos a la empresa. Yo he tenido suerte porque he tenido buenos maestros, los cuales están integrados en grupos diferentes, ya que pueden ser clientes modelo o de confianza, proveedores, profesionales independientes, etc., que le sirven a uno para de vez en cuando hablar a fondo con ellos y aprender.

Cuidado con los asesores

Yo, por supuesto, creo en los asesores en cuanto a temas técnicos (son personas que dominan un tema técnico y que te aclaran dudas, por supuesto), pero me dan mucho miedo los que asesoran a la dirección de una empresa. Si me equivoco yo es malo, pero si me equivoco porque hago caso a mi asesor ello no es presentable. La dirección no es delegable, lo vuelvo a reseñar. El gerente asume la responsabilidad empresarial, la cual no es compartible. No cabe responsabilidad a medias para diluir errores.

Los gurús adivinadores

Siempre me han parecido una barbaridad los hechiceros de la tribu, las gitanas que leen las manos y ya no te voy a hablar de lo curanderos. Son profesiones que se basan en la práctica del engaño.

Cuando alguien me habla maravillas de un curandero, cosa que he me ha ocurrido en varias ocasiones, yo rápidamente a ese señor lo aparto de mi mente, hago «discriminación curanderil».

Están también los que saben lo que va a pasar, los «listos» porque tienen información y ya saben si el dólar sube o baja, ya saben si los fertilizantes van a subir y hasta cuánto y, por supuesto, las acciones de una determinada empresa.

En fin, yo de esto no creo absolutamente nada. No creo en adivinadores de futuro ni en los que dicen qué número de la lotería va a tocar, que es lo mismo. No creo que haya personas tocadas con una varita mágica y que adivinen parte del futuro en ciertos temas.

Yo tengo un amigo «gurú» y cuando tengo una duda de los temas que él conoce le pido opinión. Cuando me la da, hago lo contrario. Generalmente, muchas veces acierto.

Cuando voy perdido por una carretera, si voy con alguien le pregunto: «¿Tiro por la derecha o por la izquierda?». Y cuando me responde hago lo contario de lo que me ha dicho. Muchas veces acierto. Es mi forma de proceder cuando le pregunto a alguien que sabe lo mismo que yo, es decir, nada.

8. CRÉDITOS Y COBROS

Si tu cliente cae en concurso y luego vuelve al negocio, no le vendas la segunda vez

El que cae una vez ha aprendido y le es más fácil caer otra vez. Creo que es mejor que le venda otra empresa y no en la que tú estás. Mejor que le venda la competencia. Como le vuelvas a vender y te vuelva a no pagar es tremendo. Es mejor no reincidir. He visto varios casos en que esto ha ocurrido.

Hay que asegurar el cobro de la venta

No se puede andar a pecho descubierto y hacer la póliza con una compañía de seguros de crédito. Yo soy de la opinión de no hacerla con la compañía directamente, sino con un agente de seguros que trabaje para varias compañías y del que tengas buenas referencias de otras empresas. Esto parece sencillo, pero no lo es. Debes tener el programa informático de la empresa preparado para este control de riesgos, cumplir las normas de la compañía de seguros, tener a una persona en la empresa responsable de créditos y cobros y que los delegados comerciales tengan unas normas claras y precisas. Muchas veces el riesgo se salta mucho por no tener una buena organización informática.

Los límites de riesgo son negociables con las compañías de seguros

Muchas veces es por falta de información que tienen las mismas del cliente. En este caso, hay que aportarles datos y explicar si el riesgo es temporal o bien es un cliente que se estima permanente. Dando razones generalmente se consiguen resultados positivos. Las relaciones con la compañía han de ser fluidas y continuas.

Riesgos aparte de la compañía de seguros

La empresa puede dar otro complementario en función de la cantidad que entienda por moderada y a la vista del análisis del cliente. Lógicamente, esto ha de ser aprobado por el supervisor de créditos y cobros, que generalmente es el gerente. Esto ya depende del organigrama de la empresa.

El cobro tiene que estar automatizado

Hoy no es entendible que te digan: «Yo retiro el producto y ya te haré la transferencia en la fecha de pago». Hoy se ha impuesto (salvo en las grandes empresas, en las que hay que admitir su forma de pago o no te compran) el cobro automatizado mediante recibo domiciliado. El ir a cobrar el cobrador es ya una figura que no existe, salvo en empresas antiguas que no se han adecuado a los nuevos tiempos. Y el hecho de «yo te haré la transferencia (salvo que se me olvide)» hoy no es de recibo. La empresa debe optar por fórmulas que permitan que el cobro sea automático, sin intervención de más actuaciones administrativas. Otra forma es costosa y además genera problemas de caja en las empresas, esto es así. Si no se hace así, mejor no vender. Si se hace una venta sin figurar la forma de pago clara, precisa, automatizada y con límite de riesgo, no es una venta. Es, sencillamente, una temeridad.

Devolución de recibos

Si se produce la devolución de un recibo se ha de bloquear al cliente para que no se le pueda vender nada y los recibos hay que pagarlos. Si pide renovación, dejar la cuenta bloqueada hasta el pago de lo devuelto. Es complicado dejar de vender a un cliente, es una decisión contra natura, ya que son difíciles de captar, pero en este campo se ha de ser muy riguroso. Deben entender que hay unas normas a las que la empresa se atiene y si se pierden clientes es mejor perderlos que no tener un impagado de consideración que haga trastabillar a la empresa. Los riesgos tienen que estar evaluados para que no se llegue a esta situación, diversificando la cartera. A los clientes se les debe «leer la cartilla», que conozcan bien las normas de la empresa. Si no las admiten hay que buscarse otros clientes u otra actividad.

Las cuentas de saldos de clientes deben ser examinadas continuamente por el responsable de créditos y cobros y por el delegado. Cualquier anomalía hay que resolverla sobre la marcha.

La sistemática de cobros es fundamental

Hoy día, con unos márgenes pequeños, con una competencia feroz, el impagado o los impagados pueden hacer caer la empresa; por tanto, la política en este sentido ha de ser muy clara y concreta aunque la misma pueda limitar mucho las ventas, al menos en una primera etapa. El desorden en este campo hoy día no es admisible, no tiene sentido.

Normativa de créditos y cobros de una empresa

Depende del sector, pero se ha de configurar de tal manera que se eviten los impagados y además estos estén asegurados, todo ello de acuerdo con el sector al que pertenezca la sociedad. Lo que hay que tener claro es tomar las medidas para evitar que uno, dos o tres impagados simultáneos o a lo largo del año pongan la viabilidad de la empresa en peligro.

Fondo de autoseguro

La empresa debe, en lo posible, crear un fondo de autoseguro para tener previstas posibles contingencias que no abarcan los seguros en general y que tenga que asumir la empresa. Este fondo se va creando año tras año y la aportación al mismo será mayor en los años buenos, evidentemente, preparándose así para los años malos, que van a venir de forma continua y la empresa debe estar preparada para afrontar contingencias.

9. LA ADMINISTRACIÓN DE LA EMPRESA

Organización administrativa

Una buena organización administrativa es fundamental, esencial, básica en el tema de desarrollos informáticos para que el *software* se adapte muy bien a las necesidades de la empresa. Es absolutamente indiscutible. Ello requiere inversiones importantes, tanto en *hardware* como en *software*, cuyas cuantías son más importantes en el segundo que en el primero. No es un tema para tenerlo y olvidarlo, sino que hay que estar continuamente sobre el mismo para fijarse como objetivo la forma de progresar en la organización administrativa de la empresa; en definitiva, las sociedades dependen mucho de su capacidad organizativa, que ha de prepararse continuamente para crecer y mejorar la gestión. Por favor, no eliminar lo que funciona hasta que lo nuevo no sea un proyecto, sino una clara realidad mejor. Muchas veces se eliminan cosas para ser sustituidas por otras mejores que son utópicas.

El balance al final de cada mes

A fin de mes hay que hacer un balance para que sea examinado en los primeros días del mes siguiente y comprobar así, mes a mes, la evolución de la empresa y su desviación en cuanto a previsiones. Con una información puntual, las medidas que haya que tomar se pueden hacer a tiempo. En las cuentas no debe haber sorpresas de errores, los *stocks* deben revisarse de forma continua, todo tiene que estar controlado. El gerente debe dominar a la empresa; la empresa no puede dominar al gerente.

La analítica de costos

Es un tema complicado tener una buena analítica de costos. Hay muchas empresas que dicen que la tienen, pero la misma es deficiente o no existe. Tener una buena analítica, con la rentabilidad mensual y acumulada por producto, por familia de productos, con la rentabilidad por cliente, que cuadre con la contabilidad general y que sirva para detectar posibles errores de una u otra es una tarea sumamente importante, que requiere ir de la mano de expertos en este tema concreto, de los cuales hay pocos, que yo sepa. Por tanto, es una profesión que tiene mucho futuro. Hay pocas empresas que tengan un buen análisis de costos y es fundamental. No creer si dicen otra cosa hasta verlo con tus ojos. Si existiera una buena analítica, el comportamiento de las empresas sería diferente.

Los pagos

Poner un día de pago al mes o a lo sumo dos. Evidentemente, hay casos en lo que no es posible, tales como electricidad, teléfono…, que supongo que ya serán hasta negociables, pero con todo lo demás la fecha de vencimiento debe fijarse un día concreto al mes. Por ejemplo, el día 27 de cada mes. Esto permite que a primero de mes se pueda comprobar lo que hay que pagar el día 27 de ese mes al objeto de hacer las previsiones de caja correspondientes.

La angustia de hacer frente a los pagos

Eso es una barbaridad de falta de planificación, que con trabajo se resuelve. El incumplimiento es, en definitiva, desorden, falta de prevención. Una pena. Un atraso mental. Hoy día ni proveedores ni bancos perdonan impagos. Se empieza a cavar el agujero de la fosa.

Los pagos hay que hacerlos en su momento justo, en el momento exacto concertado, no andar con excusas sin fundamento ni demora alguna. Esto es esencial para la buena marcha de la empresa. Otra cosa es un *boomerang*, que lo lanzas, te vuelve y te da en la cara. Por supuesto, con efecto multiplicador, dejándote KO.

La financiación

Se ha de tener holgada. Las empresas están sujetas a imprevistos, a riesgos muy variados, y no pueden ir económicamente al día. Han de tener previsto el hecho de tener líneas de crédito abiertas para recurrir a ellas en caso de imprevistos.

En Dinamarca suprimen el dinero

Ya se lee que en 2030 se va a eliminar el papel moneda y las monedas, todo pago deberá hacerse con tarjeta. El motivo fundamental es meramente fiscal: desaparece el dinero negro; todo figura, por tanto, informáticamente. Poco a poco la informática suprime en gran parte la privacidad.

Por ahí va ya, sin duda, el mundo. En definitiva, por la transparencia, con sus virtudes y defectos. Es la tendencia y es la tecnología. La transparencia también es tendencia, el decir las cosas como son y que nadie se asuste.

La transparencia va en aumento y realmente los «secretos» existen, pero cada vez menos, salvo los de cochino, que cada día están más universalizados en los restaurantes. Me refiero al secreto de cerdo a la plancha.

El mundo avanza hacia la transparencia. El control el Estado lo va a tener en todo. La desaparición del dinero yo, por edad, no la veré, pero al paso que va el mundo es posible que mis hijos sí y los nietos desde luego. Todo lo tuyo estará en el ordenador, la vida será distinta.

El archivo

Generalmente, las empresas no le prestan demasiado interés (o ninguno) al archivo, vamos a llamarlo histórico. Hoy día, como el papel está desapareciendo y todo se está convirtiendo en documentos virtuales informáticos, el archivo es más fácil, no requiere grandes espacios y se mete en una memoria informática de potencia adecuada.

El archivo es la vida de la empresa. Hablamos del archivo de la empresa, pero también del archivo de las personas, que igualmente hemos de tenerlo, que hemos de tener nuestra vida en agendas (o en una sola agenda de las que llaman perpetuas) e imprimirlo, dejar nota de lo aprendido. No es bueno pasar por este mundo y no dejar nada para la posteridad como si no hubiésemos existido. Las empresas, en definitiva, son la vida de un ente social. Yo quizá escriba por dejar rastro de que he existido. El archivo de la empresa es, en definitiva, poder estudiar su pasado. El archivo personal es que tus descendientes sepan de ti, de tu vida, para aprender de la misma y sacar conclusiones. Lo actual es una continuación de la historia, del pasado.

10. LA FABRICACIÓN Y LA CALIDAD

Obsolescencia programada

Esto de hacer un aparato doméstico con unos materiales de tal manera que se busque que dure poco o el tiempo justo para que el cliente haga otra compra yo creo que es un cuento. A los empresarios no hay quien los ponga de acuerdo entre sí. Otra cosa es que busquen costos más bajos y esto tenga como consecuencia una vida más corta del producto.

La calidad

El tema es dar productos de calidad a buen precio, con buen servicio y una buena información o *marketing*. Son puntos que el gerente tiene que cuidar y encauzar su mejora de forma continuada, sin descanso. Sin tener nota elevada y cada vez más importante en los cuatro objetivos, la empresa, desde luego, no tiene el futuro nada brillante. Antes se quería barato aunque no tuviese calidad; hoy las cosas han cambiado, se requieren productos de calidad y baratos.

Medio ambiente

La cuenca del Amazonas tiene 40.000 especies diferentes de vegetales y 2.500 especies de insectos. Patrimonio terrícola que no debe destruirse. Yo creo que hoy no hay nadie que piense que no haya que cuidar el medio ambiente. Y en las empresas lo mismo, porque estas están constituidas por un conjunto de personas.

Creo que los organismos que más contaminan son los ayuntamientos, enviando las aguas fecales de forma continua a los ríos o directamente al mar. La industria se está adaptando mucho más rápido a no contaminar que los Gobiernos, que deben dar ejemplo.

En la industria, las inspecciones de ECA llegan a aburrir. Como encuentren el menor resquicio, tal como un pajarito muerto en un recinto industrial, se puede liar una buena.

El servicio

Es una forma práctica de conseguir clientes. Servicio muy rápido y eficiente, pedidos de forma sencilla, información de pedido eficaz, tenerlo muy rápido y debidamente programado, notificando al cliente. Esto tiene un efecto impresionante en el mercado. Llevar a tu casa lo que tú necesites en pocas horas. Y de lejos o de cerca.

La automatización en la fabricación

Maquinaria moderna en la fabricación da lugar a más producción, menores costes y más calidad. Es una carrera irrefrenable, pero con un problema muy grave, ya que disminuyen ostensiblemente los puestos de trabajo. La humanidad crece en número de habitantes y el trabajo disminuye por los avances técnicos. Habrá otro tipo de industrias, como la industria del ocio, de amplio desarrollo en el mundo actual.

Las reclamaciones

El atenderlas sobre la marcha, el desplazarse a verlas *in situ*, da muy buenos resultados y la empresa saca conclusiones positivas. Lo que ocurre es que esto no siempre es posible, pero conviene en este campo hacer el mayor esfuerzo admisible y lógico, no darle la espalda. Además, las reclamaciones pueden ser verdad o no serlo, pues muchas pueden provenir de expertos en reclamaciones (de esto conozco mucho, de especialistas en reclamaciones). A estos más vale no tenerlos como clientes; son ideales para que les suministre la competencia.

11. SOBRE VENTAS

Datos del cliente

Mientras más datos tengas en la ficha de cliente debidamente ordenados y escritos (de sus gustos, trabajo…), mejor preparado estarás para comunicarte con él y, con los modernos programas informáticos, hacer estudios y análisis de diversos aspectos y de las acciones a tomar. Esto no es habitual tenerlo porque hay que trabajar; lo mejor es hablar, es más distraído. Una cosa es que digan que los programas existen y otra que estén operativos y se estén explotando. Hay diferencia entre lo dicho y lo hecho.

La venta es un acto sexual sin sexo

Es una frase por mí acuñada y que los que me conocen sonríen con ella. Creo, sinceramente, que la venta es eso. El que lo lea que piense en ello: la satisfacción de una buena venta en su más amplio sentido.

Clientes comprometidos

Dentro de lo que cabe y de su eventualidad, los clientes se consiguen principalmente generando confianza. La confianza se logra mediante la información. Es muy importante la información ordenada y no toda digital, sino también física, mediante folletos.

Realmente, hay que buscar emocionar al cliente, hay que mover su corazón y sus sentimientos.

Hoy día una empresa proveedora vende, además de artículos, filosofía. Y transmite unos criterios de personas y equipo. Los productos y servicios tienen que estar marcados por el detalle. El detalle es lo que realmente le da valor diferencial al conjunto.

¿Clientes fidelizados?

No existen. Pueden quizá comprarnos varias veces o una temporada, pero el cliente es lo más volátil que uno piense. No son de nadie, andan por libre, son totalmente volubles y cambiantes, les gusta probar entre un amplio abanico de opciones.

Si no te fías y tienes dudas, no le vendas

A todos nos gusta vender, pero si tienes dudas de que el cliente te pague o no, de que a la persona no la veas clara y te produce incertidumbre, pues entonces no le vendas. Estudia al personaje con tranquilidad y mientras no se te despejen las dudas no hagas negocios con él. Aunque tenga límite de crédito. Puede que te deje colgado si le vendes. En estos casos escucha a tus sentimientos. No te dejes llevar por las apariencias ni por ostentaciones y buenas presentaciones, que no deben impresionarte.

Siempre es bueno recabar datos, indicar que le vas a dar de alta como cliente y que, como es preceptivo en la empresa, pedirás límite de crédito a la entidad aseguradora para vender de tal forma. Hay mil maneras de no vender y quedar bien, es tarea fácil el no vender. Lo contrario es más complicado.

Si el comprador tiene dudas sobre tu producto, no se lo vendas

Hace unos años un agricultor importante me dijo: «Vengo a comprarle, pero le aviso de que todo lo que le compre lo voy a analizar con detenimiento». Le contesté: «Como veo que tiene dudas, sinceramente, entiendo que no debe comprarnos. Si usted viene, compra y analiza es correcto, pero si me avisa previamente me está diciendo que no se fía ya de entrada. Y cuando no hay confianza no debe haber negocios. Vaya a otro sitio que le inspire confianza». Y se marchó. Todo debe ser dicho con educación y con una sonrisa para que el interlocutor pueda entenderlo y no se enfade.

Meter un gol por la escuadra

Se llama así cuando el balón va a un sitio imposible de parar por el portero, cuando el balón está muy bien dirigido y con fuerza adonde solo lo hacen los genios precisos. Donde el portero queda conforme, donde el público (incluso de la competencia) te aplaude y donde tu equipo, por consiguiente, gana. Una jugada limpia, honrada y bien conseguida. Es el arte de la venta.

No vender a la familia

Esto lo aprendí de pequeño de mi padre y he comprobado que es lo correcto. Es un problema vender a la familia, a no ser que la familia tenga claro que le aplicas precio de mercado, que se fíe de ti y que pague con recibo domiciliado, sin que se acumule ningún pago. De todas formas, vender a la familia, a no ser que tengas claro que es un cliente más, es un problema. Casi es mejor no venderle. Un antiguo director comercial de Amoniaco Español S.A. tenía un cartel en su despacho: «El amor con amor se paga y el dinero con dinero. Si se mezclan amor y dinero, eso es la prostitución». No es un favor comprar a la familia. Generalmente, es un problema, a no ser que haya un principio claro de ser tratado como un cliente más. Entonces muy bien y se lo agradeces.

Ventas a los amigos

Odio la venta a los amigos, rechazo hacer compromiso alguno a los amigos para que compren. Eso es utilizar la amistad y no es lógico. Odio las ventas por compromiso. Las compras han de ser un acto libre, sin compromiso alguno. Reunir a amigos o amigas para hacer propaganda de algo y venderles en la reunión, Dios me libre. Soy incapaz de utilizar a las amistades para venderles algo. Si un amigo pretende que le compre algo y me presiona mucho deja de ser tan buen amigo. No quiero amigos interesados. La amistad es otra cosa.

Y si quieren comprarte, decirlo claro: «Yo no te vendo. Si quieres te pongo en contacto con el delegado para que te trate como un cliente más, es decir, muy bien. Pero te recomiendo que no me compres». Esto puede parecer un disparate, pero es muy saludable.

El gerente, para organizar su empresa, no debe valerse de ello. De ello se vale el que no tiene otros recursos, el que no sabe.

La preparación del vendedor y el equipo

La preparación técnica del vendedor y de todo el equipo ha de ser exquisita. Este hecho conlleva que el gerente sepa más de estrategia que todos los demás.

La estrategia en el ejército es la planificación y después el supervisado es la táctica, que es la ejecución. Por tanto, el gerente ha de ser una persona preparadísima. Hoy el vendedor ha de ser un especialista. «Especialista es aquel que cada día sabe más y más de menos y menos hasta que sabe casi todo de casi nada». Esta es una definición que me gusta. En un mundo cada vez más complejo hace falta la especialización; ya la figura del que «todo lo sabe» es imposible, pues, entre otras cosas, no cabe tanto en la cabeza. El que es aprendiz de todo es maestro de nada.

La nueva imagen del vendedor

Hoy para vender hay que estar preparado y saber de tu tema mucho más que el cliente. De alguna forma, el cliente tiene que recibir informaciones y formación de ti que le hagan mejorar en su trabajo. Hoy el vendedor que habla mucho de otras cosas (por decir algo, por ejemplo, de fútbol) y al final algo de trabajo no tiene sentido. No hay tiempo, hay que ser concreto, tener ideas claras. Hoy lo que vendes son temas que al cliente le reporten beneficios, no tiene sentido otra actuación. Y esta forma de ser hará que el cliente vuelva. Esto de los vendedores de antes, que hablaban de todo menos del producto, es un tema que está ya caduco.

Antes los vendedores tenían que ser guapos, simpáticos… En fin, un estereotipo ya trasnochado. Hoy el vendedor es aquel que aporta beneficios al comprador.

Tengo un libro en ciernes que me puse a escribirlo y no lo terminé. Lo haré próximamente, si Dios quiere. Se llamará *Yo no vendo, me compran.*

He perdido a un buen amigo y gran profesional

Ayer, viernes 3 de julio de 2020, me quedé conmocionado. Falleció con 62 años don Rafael Vital, de Herogra. Era perito agrícola, un magnífico profesional técnico de la venta y una gran persona. Hace diecisiete años lo fiché en Herogra y ayer, precisamente, era justo el aniversario. El día que entró en la empresa fue el mismo día que lo hizo Cristiano Ronaldo en el Madrid (u otro *crack*, no lo recuerdo bien). Estuvimos comiendo juntos y lo pasamos muy bien, siempre me lo recordaba. Descansa en paz, querido amigo. Me parece imposible la noticia. Murió de repente, como se decía antes.

Las ventas de productos no lógicos

Un señor me vino a comprar un artículo en gran cantidad y tenía un precio interesante. Digamos que era una operación de las que no suele haber muchas. Me contó para qué lo quería y lo convencí de que lo pensara, porque no tenía sentido y era tirar el dinero. ¿Hice mal? No, no, por supuesto que no. Hice empresa, hice confianza, hice futuro. Hice criterios honrados. El negocio es un asunto que debe venir bien a ambas partes. No se trata de hacer caer al cliente en una trampa ni tampoco dejarlo que caiga solo.

La elección entre un amigo y un cliente en un negocio

«El negocio es menor de edad» era una frase de mi recordado Antonio Montalbán Valdivia. Entiendo que quería decir que, como un niño pequeño no entiende y hay que sacrificarse por él y cuidarlo, el negocio siempre es menor de edad.

El dilema está en si en el negocio hay que escoger entre un amigo y un cliente. Me refiero a que si hay dos clientes, debes dejar uno y de los dos hay uno que es muy amigo y te compra poco y otro al que solo conoces de poco y te compra mucho, ¿por cuál optas? Es duro, pero hay que optar en razón a la empresa. Tú no puedes escoger para la empresa lo que sea mejor para tu amistad, sino lo que sea mejor para la empresa. Tema duro en el fondo del alma de cada uno. Proceder así no es no tener corazón, es ser gerente.

En el negocio lo que hay son clientes

«Este me gusta, este me cae bien y el otro mal…». Esto en un negocio es una barbaridad. En un negocio hay clientes, hay personas que compran y pagan religiosamente, con su límite de crédito. Esto de que me cae bien o me cae mal no tiene ningún sentido en el mundo de los negocios. Las empresas tienen un pensamiento empresarial, que no es ese. Todos los que compren y paguen correctamente son clientes magníficos, muy agradables y estupendos, no hay excepciones. No se puede clasificar un cliente porque tenga una mirada aviesa.

12. SOBRE COMPRAS

Las subidas de precios

Si crees que el precio de un producto va a subir, no compres, porque bajará, ya que lo piensan todos y estarán comprando muchos. Si te dicen que el precio va a aumentar porque los chinos van a comprar mucho y eso va a provocar falta en el mercado y subida de precios, no te lo creas por más que te lo aseguren. No te creas los cuentos chinos.

Lo único que he visto en mi vida que ha faltado fueron, en su momento, las mascarillas para proteger de la COVID-19, que ahora hay, pienso, más que sobradamente. Salvo eso en un momento puntual, de lo demás todo sobra.

Si vas a comprar una cantidad alta

Compra primero cantidades bajas y observa el funcionamiento del proveedor, la calidad del producto que te vende y el servicio que ofrece. No se le puede comprar a cualquiera en grandes cantidades. No te precipites, tranquilo, no pasa nada.

Visita al proveedor en su sede

Una vez en Italia había un enorme *stand* de maquinaria agrícola, de máquinas pulverizadoras, y mira por dónde tuve opción de ver la fábrica. Era más pequeña que el *stand* y embrionaria. No me resultó un proveedor fiable.

Las muestras

He comprado viendo unas muestras maravillosas y hemos recibido un producto que no se parecía para nada a las muestras. Aprendí a no fiarme de las muestras. Las muestras muestras son. Lo que no sabemos nunca es su origen.

Conocer a tu proveedor

Si el proveedor te dice que es muy grande y muy importante como arma de venta para que le compres, pues ve a verlo primero en su casa y que te enseñe las instalaciones. Si te pregunta si es que no te fías le dices que si la pregunta es esa no debe hacerla: es simplemente criterio de empresa. Si te aprieta le dices, efectivamente, que no. Muchos quieren llevar las ventas al terreno personal y han de tratarse en el terreno profesional.

Si el proveedor te vende a ti y al vecino

Si te encuentras con proveedores que te venden a ti y a tu competencia, no les compres. Necesitas protección de tu mercado.

No admitas obsequios de ningún proveedor y si los recibes comunícalo a tu empresa

Hay que tener cuidado, mucho cuidado. Los proveedores muchas veces quieren comprar al empleado que hace la compra, lo cual, evidentemente, es una falta grave. El jefe de compras es un puesto que conviene que no esté muchos años en manos de la misma persona. Es un puesto de alta confianza y las personas que dan las puñaladas sin puñal son las de alta confianza.

13. LA INFORMÁTICA Y LA GESTIÓN

James Lovelock

Es un científico excepcional. Ya empieza por el hecho de no reconocer lo convencional. Es un titán del pensamiento.

Este científico a la época actual le llama «Novaceno»; es la edad de la inteligencia artificial (a él no le gusta ese nombre) y de las máquinas pensantes. Entiendo que esta edad empezó en 1901, cuando Marconi inventó la radio.

Le gusta hablar mejor de cíborg o de androide, pero no se refiere al robot con forma de figura humana, lo cual le parece un cuento, sino a los programas informáticos, porque, en definitiva, viene a decir que los programas la mitad son máquinas y la otra mitad son humanos, máquinas mancas.

Los ordenadores comienzan a pensar por sí mismos y con velocidad de vértigo. Son, en definitiva, «superhumanos». El programa AlphaZero de Google dicen que en veinticuatro horas aprendió a jugar al ajedrez y que ahora gana siempre, haciendo miles de cálculos instantáneos que la mente humana no puede.

El mundo no se va a parar en nosotros, va a evolucionar y evolucionar continuamente, pero no tan elementalmente como ahora, sino de forma mucho más rápida, cada vez de forma más rápida. Estamos al inicio de una etapa alucinante que yo, por mi edad, no voy a poder vivir mucho tiempo.

La automatización de nuestro entorno

La automatización entra cada vez más en nuestras vidas fuera del trabajo. Me refiero a porteros electrónicos cada vez más sofisticados, ascensores igualmente con nuevos adelantos diarios, electrodomésticos, televisión inteligente, frigoríficos inteligentes… Cada día más y más implementos, todos alrededor del microchip, que, en definitiva, es un poco de silicio. Hogares más confortables y automatizados, cambios de vida, teletrabajo, servicio a domicilio de la comida rápida, empresas de lavado de ropa que la recogen de casa y te la devuelven planchada, entre otros muchos servicios.

Nuestro sistema de vida está en un proceso de cambio tremendo. Las redes sociales ya no nos serán ajenas y serán cada día más operativas. El mundo está cambiando de forma exponencial. Como consecuencia de ello, de la tecnología, las empresas igualmente están teniendo, evidentemente, cambios intensos en todas sus áreas.

La ciencia cada vez se acerca más a la ciencia-ficción. ¿Llegará un momento en que no haya ciencia-ficción porque todo esté inventado y solo queden algunas mejoras, acabándose la ciencia ficción?

La automatización industrial y la destrucción de puestos de trabajo

Lo que tenemos ya encima es impresionante, con una robotización absoluta de muchas empresas que, en definitiva, se traduce en más producción y menos personal.

Evaporadores industriales que se controlan por el proveedor, calderas industriales igualmente conectadas a empresas de mantenimiento, etc. Se quitan las poleas, las cadenas de transmisión, las cintas transportadoras, y así complejas envasadoras llenas de sensores se sustituyen por un robot cuyas piezas, en baño de aceite, lo hacen de vida más que larga y con poquísimo mantenimiento.

Esta situación que tenemos encima, desde luego, creará muchos puestos de trabajo muy técnicos y, por otro lado, destruirá muchos más. Quizá por cada puesto que se cree se pierdan cuatro que la automatización destruye.

Me estoy acordando de que para paletizar fertilizantes hacían falta costosas y complicadas máquinas paletizadoras y ahora se hace con un robot que, por cierto, fue la empresa donde estuve de gerente la que instaló el primero en España con la sonrisa diremos hasta irónica de algunos. Cuando alguno se adelanta es lo que se hace y cuando ya ven que funciona bien lo copian y dicen que lo han hecho ellos los primeros.

Cada día hay más población a nivel mundial y cada día son necesarios menos puestos de trabajo para producir más. Esta situación cambiará el mundo, dando lugar a otro en el que la mayoría cobrará sueldos estatales y muchas personas se dedicarán a no poder trabajar y tener una vida dedicada a su enriquecimiento cultural, al deporte y al ocio en general. No se puede afirmar nada, evidentemente, solo que son predecibles grandes cambios. Ante cambios rápidos hay que tomar decisiones.

Cada día menos personal produce para muchos más. Aquí se da un gran problema en torno al trabajo. Se va a convertir en un cierto lujo tener trabajo.

La nube

Cada uno debe tener su espacio en la nube para ir almacenando recuerdos digitales de su vida, que después no servirán para nada. No debemos tenerlo todo en el móvil y almacenarlo en la nube. Nubes y más nubes que se disipan en nada. Mejor algo que se pueda tocar, palpar, aparte de la nube. En ese caso, sería necesario imprimir y guardar lo más esencial.

Cada vez se reciben menos llamadas

El teléfono está en decaimiento, vamos al WhatsApp, hablamos menos. Yo, ya jubilado, solo recibo la llamada de la señorita de la compañía de teléfonos con la que opero para preguntarme si quiero una bajada de precio en mi móvil. Evidentemente, le digo que no, que prefiero que me lo suban. No pico en estas chorradas.

Los desarrollos informáticos, claves en la empresa

Si una empresa no tiene una buena estructura informática, sencillamente no es empresa. Es un bodrio temporal.

14. EL *MARKETING* Y LA PUBLICIDAD

La marca

Es lo que los demás piensan que eres, que no es que lo seas. *Branding* es el proceso de creación de la marca. Hemos de recurrir a palabras inglesas, tienen mucho más peso que las nuestras. Si sabes treinta o cuarenta nombres de estas cosas en inglés has ganado muchísimo (para los que no las saben, evidentemente).

Susurrar

Es bonito como frase empresarial, por ejemplo: «José Luis Sánchez-Garrido, el hombre que susurraba a los fertilizantes». Esto está de moda. Hay que ir con las modas, sin olvidar para nada la tradición. Hay que cuidar la publicidad, el *marketing*. Es, en definitiva, adelantarse al deseo.

El prestigio

Vega Sicilia, la célebre bodega castellana, tiene 4.000 clientes entre los que reparte su producción a cupo y hay otros 3.000 más en lista de espera, con la esperanza de poder ser incluidos en la lista de clientes, la cual lleva muchos años ya. Esto me maravilla y viene a decir lo importante que es el prestigio.

Vega Sicilia hace tres tipos de vino y los prepara de mezclas de vinos de diferentes añadas, cosa que no hacen las demás bodegas. Pero da igual: lo que vende es el prestigio, el cual permite a esta bodega aplicar unos precios altos, formando parte de la aristocracia del vino europeo. ¡Qué alegría una empresa así! Es el ideal, la soñamos todos.

En Tolosa solo se producen veinte toneladas de alubias

Por lo visto, parece ser que allí, por el motivo que sea, las alubias han dejado de cultivarse. Entonces estamos ante el milagro de los panes y los peces, pues se estima que se venden al año más de 2.000 toneladas de alubias de Tolosa.

Yo no sé si los espárragos de Navarra son de Navarra o de China, no sé si lo que dicen las latas es o no es. Dicen lo que queremos leer. Los envases dicen muchas cosas que queremos leer, pero no dicen lo que no quieren que sepamos.

La diferencia entre un niño y un adulto

La diferencia entre un niño y un adulto es la diferencia de precio de sus juguetes. Los que ya somos muy mayores no necesitamos nada.

El origen de los productos

—Tenemos tal producto de tal sitio.
—¿Pero es ese sitio donde se fabrica?
—No, pero lo tenemos empadronado allí.

Uno es de donde está empadronado, ya no es como antes. Realmente, hay una tendencia muy clara para cerrar el abismo entre la valoración del mercado por la empresa y lo que la gente valora. Lógicamente, la empresa va a entregar al mercado lo que este quiere, pero a la vez la empresa tiene un valor educativo, enseñando y mostrando mejoras que sean buenas para el cliente, su entorno y la sociedad en general.

Reparto de publicidad, envíos directos

Hoy en día los clientes están muy diversificados. No hay, por lo general, una situación generalizada. La digitalización avanza muchísimo, evidentemente, pero hay un sector que no es amigo de ella, vamos a decir que por temas genéticos o porque, por edad, la informática le ha llegado tarde. Hay que ir a ellos con papel, con folletos, con envíos directos. A lo mejor un día cambian las cosas y no es necesario. Cuando no lo sea hay que dejar de enviarlos.

La publicidad, que dure siempre

Yo soy de los que aún piensan que la publicidad de mano conviene que sea de larga duración, objetos que duren mucho. Ya que hacemos la inversión, pues que la misma tenga una rentabilidad a corto, medio y largo plazo para que sea más rentable. Hay que procurar ser originales, que se vea que la empresa tiene ideas nuevas y que son conceptos claros. Lo ideal es que si tu empresa hace un objeto publicitario tenga tan buena acogida que perdure en el receptor, incluso que llegue a la generación siguiente.

Felicitar a los clientes en los cumpleaños

Es interesante y actualmente, por vía digital, es lo más económico. Pero lo más económico no es lo mejor; puede serlo o no serlo. Lo que es automático tiene menos valor que lo personal. Lo mejor es la forma directa, con una llamada o por WhatsApp (esta felicitación puede estar automatizada). Quizá sea mejor esta última opción, que no parece automática, porque lo personal, por unas u otras cosas, no se hace finalmente, salvo algunas excepciones.

Hay que tener detalles con los clientes, vínculos. Pensar y pensar en ello puede ayudarnos a mejorar nuestra empresa.

El orden en la fábrica y la oficina

Está claro que es una forma de vender tener una empresa ejemplar en este campo. El orden llama a clientes, el desorden los aleja. Es consustancial a la naturaleza humana, salvo excepciones, pero de estas últimas no se puede vivir, pues son pocas. Intentar vivir de estas últimas es cerrar.

En definitiva, el orden es belleza y la belleza es algo que no tiene explicación. Sencillamente, se vive y se siente.

Las relaciones en el mundo digital

Son superficiales con tanta pantalla. Por supuesto, hay que estar en ellas, es básico, pero no es suficiente. Evidentemente, hay que adaptar la empresa que no lo esté a los nuevos tiempos, pero se ha de pensar continuamente en cómo mejorar y aumentar la capacidad de relación de la empresa como factor muy importante en sus resultados. La empatía empresarial es un factor muy importante.

La generosidad inteligente

La generosidad inteligente, el que una parte de los beneficios empresariales vaya a fines sociales, tiene un efecto multiplicador en la empresa. Poco a poco se va evolucionando en este sentido. Es un tema delicado este, porque en él se manifiesta el deseo de solidaridad de la empresa con la sociedad, pero también ocurre (yo diría que por suerte) que la bondad genera beneficios a la empresa. Es la economía de la bondad a la sociedad. Discernir si se hace por mera bondad o por interés económico no es un tema que proceda, pues, en definitiva, en mi opinión son importantes ambas cosas.

Ya hemos visto que la mayor parte de los beneficios en la mayoría de empresas van a generar fondos, amortizar e invertir (el accionista, por lo general, cobra lo justo, pues no tiene sentido otra dimensión) y hay otra parte de las ganancias que la tendencia actual es que cada vez más empresas la destinen a fines sociales, disminuyendo, por tanto, los beneficios anteriormente indicados. Este movimiento hace como un motor de crecimiento, pues es cada día más valorado por el cliente a la hora de la elección del proveedor, aunque sea de manera subconsciente. De esta forma, las empresas se convierten en este campo en competidoras en obras sociales, por suerte, mediante políticas establecidas y expuestas que eviten el asedio de peticiones de colaboraciones a diario, racionalizando o teniendo los recursos debidamente asignados a actuaciones sociales concretas.

La responsabilidad social corporativa es un concepto que ya ha quedado atrás, sustituido por el más actual expuesto, consecuencia de la empatía entre la empresa y el mundo.

Evidentemente, en la colaboración de las empresas con los ayuntamientos de los municipios donde están ubicadas entiendo, en definitiva, que ambas partes buscan su mutuo apoyo.

El efecto multiplicador de libertad, empatía e igualdad es beneficioso para la empresa; por ello, conceptos arcaicos que se escuchan entiendo que son inexistentes. Todos los empresarios quieren una empresa moderna que tenga éxito

Yo me atrevería a decir que la principal función del gerente es que la empresa sobreviva en un mundo tan competitivo y que también, en lo posible, se modernice y avance en lo que se vea razonable.

15. LA PLANIFICACIÓN

Estrategia y táctica

La estrategia es la planificación de acuerdo con la visión a largo plazo y la táctica es la puesta en marcha de la estrategia. Es importante saber qué es cada cosa. Llevo dedicado a ello buena parte de mi vida y no lo he conseguido.

Tener una agenda perpetua

Es recomendable disponer de una agenda que tenga los números del día del mes, pero no los de la semana, solo los días del mes (servirá, por consiguiente, para todos los años), y anotar en la misma felicitaciones y cosas que conviene hacer en días concretos básicamente, que sirven no solo para este año, sino para muchos años: aniversarios de eventos especiales, cosas que hay que hacer todos los años que no se pueden olvidar y temas así con los más próximos colaboradores y también con los que uno quiera tener de máximos colaboradores. No solo ellos, sino en general.

Pienso que la agenda perpetua es práctica, pero no se usa. Yo la veo físicamente mejor que informatizada. Se piensa que la informatización lo sustituye todo y no es así, aunque haya casos que digan que sí, que la informática lo sustituye todo. Tampoco es cosa de discutirlo. Es, simplemente, cuestión de criterios y los criterios es mejor no discutirlos mucho; son casi imposibles de cambiar y enfrentan. Mejor que cada uno siga con su criterio, dar simplemente nuestra opinión y contrastar criterios con acciones de la realidad.

Me gustan las agendas perpetuas, son una buena base de organización.

No es bueno cambiar de planes con frecuencia

Me dan pavor los que proceden así, me parecen como veletas al viento. Otra cosa distinta es rectificar cuando ves un tema mejorable, pero muchas veces los que oyen llevan las cosas a los extremos cuando los extremos son ellos.

Actualmente, al hecho de defender un tema con pasión se le llama a veces «cabezonería». A los que se apuntan a cualquier criterio a la última información yo les llamo personas sin criterio propio.

Los planes se entiende que se han estudiado y por ello conviene mantenerlos y seguirlos. Claro que, evidentemente, habrá circunstancias que aconsejen no efectuarlos por acontecimientos importantes que hayan surgido posteriormente, que dejen sin sentido lo previsto, pero esto es una cosa y otra cosa es que, de alguna forma, conviene seguir los planes trazados. A veces ocurre que a alguien se le enciende una bombilla y hace que todo el plan se pueda paralizar para su reestudio, que muchas de las veces ni se hace y queda aparcado para siempre. Y lo más horrible, todos contentos. Hemos conseguido la excusa perfecta.

Vamos a ver si me logro comunicar: quiero decir que si hay un plan debe seguirse aunque suponga un poco de esfuerzo o de sacrificio mental en muchos casos, pero no estar al socaire de hacer planes para desestimarlos con la más mínima circunstancia o pensamiento diferente. Es decir, deben efectuarse, salvo causas de cierta envergadura o fuerza mayor. Y es mucho peor no tener planes.

Las encrucijadas

Cada persona tiene un camino y al poco de andar nos encontramos con situaciones no previstas, en una encrucijada, un cruce de dos o tres caminos. No podemos volver atrás, hemos de elegir, no podemos quedarnos sentados y esperar. Al andar otro trecho por el camino elegido nos encontramos otra vez otra rotonda y esto se repite una y otra vez.

Es un laberinto, en definitiva. La vida es un laberinto y podemos terminar el camino en cualquier parte. Sabes que en total son entre setenta y 85 kilómetros (o años) por lo general. Los hay mucho más cortos y algunos incluso mucho más largos. No sabemos cuándo llegamos al final del trayecto, pero sí que hay una longitud de recorrido más o menos para llegar al final a ningún sitio, para desaparecer.

Sí es necesario acopiar reservas para que en los últimos kilómetros, ya cansado, no pases hambre ni frío. Hay que guardar para ello. Es una falta enorme de previsión no hacerlo buscando excusas fáciles que después no tienen arreglo. A los últimos kilómetros se llega, por lo general, como en los maratones, con pocas fuerzas, y por este motivo hay que tener reserva de fuerzas.

La elección del camino para llegar con éxito a la meta final es compleja y depende también en cierta medida de la suerte y de la constancia. Si hay obstáculos hay que despejarlos; ser prudente, pero también ser ambicioso. Pero la constancia es fundamental. Yo siempre he venido diciendo: «En las carreras largas el más burro gana». Me refiero al más resistente, al que no tira la toalla, al infatigable, al que gana por lo general, aunque sea por cansancio del contrincante.

No es la vida una autovía clara; está formada por senderos y caminos que pueden estar en mejor o peor estado, a veces terrenos embarrados. No podemos quedarnos sin andar, porque entonces se nos transporta en automático por un camino negro y oscuro. En las rotondas de la vida hay que escoger siempre qué camino tomar. No llevamos GPS para ello, depende del estudio que hayamos hecho del plan, de la constancia y del espíritu de sacrificio. Esto mientras tengas fuerzas. La pérdida de estas es debida generalmente a la edad. Las rotondas, las rotondas de la vida.

Yo me creo un triunfador de la vida

Sin duda, habrá muchas personas que piensen que no es así. Son ellas las que están equivocadas. A esto muchos le llaman alta autoestima; yo no lo veo así ni mucho menos. Solo veo que es un criterio razonable. Aunque la Asociación Cabezones del Mundo se empeñe en que es alta autoestima (mucho ego se dice ahora) o que uno se lo tiene creído, no es así. No me creo nada, escucho, analizo y poco más. Y después, por lo general, me callo, que es lo más prudente.

No podemos estar pendientes de lo que cada uno piensa, cuando el pensamiento es libre. Sí hay que mantener criterios existenciales básicos: honradez, trabajo, esfuerzo, sacrificio, solidaridad, reflexión y procurar elegir el mejor camino para cada uno. No creo que un delincuente pueda ser feliz, va contra natura.

La ignorancia hace crecer las estupideces

No se puede hablar solo por pensamientos esotéricos; hay que hablar con cierta seguridad, que suele ser consecuencia de la formación, de la documentación y, desde luego, del trabajo tenido, de la experiencia. Si hablas de ir a la Luna en varias ocasiones, desde luego eres un lunático, lo cual es triste, desconcertante y bastante desaconsejable. No construyes, haces perder el tiempo.

Ocurre que hay muchas informaciones falsas por WhatsApp y en redes sociales y muchas personas se retroalimentan de ellas, creando conciencias equivocadas.

La improvisación

No es mala en un momento dado, pero hay que evitarla mediante la planificación. La improvisación suele dar resultados imprevistos, buenos y malos. Yo creo que probablemente mucho más de los segundos aunque, como en todo en la vida, haya quien opine que no.

La pasividad no resuelve cosas ni dejar pasar el tiempo tampoco. Las soluciones están en las decisiones. Evidentemente, siempre salvo excepciones. Ya sabemos todos que no hay verdades absolutas.

No me gusta la improvisación, no me gustan las sorpresas. Es mejor saber lo que te va a pasar. Entonces si vienen, vienen. Ahora, las sorpresas familiares de regalos sorpresa, etc., no las entiendo. Mejor las tres «P», como me dijo un profesor de inglés hace muchos años: «El éxito son las tres "P", que significan preparación, preparación y preparación».

El esfuerzo sin talento es la suerte.

Y el talento sin esfuerzo es lo mismo: suerte

El parón del mundo

Por culpa de la COVID-19 hemos parado en seco. Íbamos a velocidad de crucero y hemos parado en seco como no habíamos hecho antes, todos a la vez. Pero esto no es una moto; vamos a ver ahora cómo y cuándo se arranca y cómo es la vida después del parón, una situación nunca antes vista, jamás pensada, ni en películas de ciencia ficción. No sabemos si habrá una segunda y una tercera COVID, no sabemos si hay vacuna efectiva, no sabemos nada, todo es incertidumbre, como siempre, como en todos los siglos. La planificación se hace cuesta arriba con tantas incógnitas.

Desde pequeños a los niños hay que inculcarles la planificación

Hay que enseñar a los niños a planificar. Lo que ocurre es que cuando son pequeños, los mayores estamos en el día a día del trabajo necesario. Cuando dejamos de trabajar y nos jubilamos (los que no nos hemos muerto, los sobrevivientes) los niños son mayores y nosotros, ya abuelos. Ha pasado el tiempo y los niños se han hecho mayores, tienen su criterio y ya no quieren el tuyo. De los nietos es necesario decir que tampoco lo quieren porque estamos antiguos. Así es la vida. Por lo visto, ha sido igual siempre. A lo mejor, ojalá, esto dentro de un tiempo cambia. No lo veré. Se está desaprovechando el gran conocimiento de los mayores en largas experiencias.

16. LOS CERTÁMENES Y LA COMPETENCIA

«No me importa lo que haga la competencia»

Cuando alguna vez he escuchado esta expresión me he llevado las manos a la cabeza. Realmente, todos los integrantes de una plantilla hemos de estar pendientes de la competencia, de lo que ocurre en el mercado. Todo el personal debe tener claro este tema e informar de todos los movimientos que observe que estime que están dentro del trabajo de nuestra empresa.

Conocer a la competencia a fondo, visitar la misma, conocer su estructura, es más que fundamental si queremos triunfar. Otra cosa es que nos busquemos argumentos para no trabajar. El hecho de conocer la competencia, sus movimientos, su forma de pensar, es bueno para aprender de ella y para conocer al enemigo, en sentido cariñoso. Pero al fin y al cabo un competidor es un problema. Y si no lo es, sí es cuando hay muchos competidores.

A mí el estudio de la competencia me ha llevado cincuenta años y no lo terminé. Dicen que la competencia «solo asusta a los incompetentes». El mundo está lleno de frases bonitas. Esta me gusta, pero esa es otra frase.

Murmurar

Los chismorreos del mercado son sanos. No son dogmas de fe, pero avivan el pensamiento y son hasta simpáticos. Las murmuraciones son otra cosa, ya que en las mismas se enjuicia mal y eso es dañino más tarde o más temprano. Hay que alejarse de ellas.

Vamos a sentar unas bases: los chismorreos son encantadores, pero la murmuración es otra cosa, porque se enjuicia también a la persona y esto es malo. No debemos hacer juicios (no somos jueces) ni hacer valoraciones. No son tema nuestro.

Los españoles somos muy dados al noble deporte de despellejar a los semejantes, diciendo que no los estamos despellejando mientras despellejamos todo lo que es posible despellejar.

Hablar fatal de la competencia no es nada bueno para la empresa que ejercita esta forma de actuar, que no es noble. Con el tiempo esto se le vuelve como un *boomerang* que le da en las narices. Es mucho más rentable actuar como lo que somos, señores.

Poner verde es una práctica lamentable.

Una vez, hablando con un competidor, dando un paseo, le comenté que por qué hablaba tan mal de la empresa donde yo trabajaba y por qué cada día nos cortaba varios trajes.

«José Luis —me dijo—, no tengo nada contra tu empresa ni contra ti, pero yo lo hago porque es la forma que siempre he tenido de defender mi negocio, hablando mal o fatal de la competencia y hablando bien de la competencia que ha dejado de serlo».

En fin, probablemente esta práctica pueda parecer efectiva. Personalmente, creo que no, como se ha visto con el tiempo. Es mejor utilizar otras artes que esta.

Esto va contra la naturaleza humana. Creo que si los políticos no hablaran tan mal de sus competidores sería una táctica mejor que la que vemos, donde se destrozan, lo cual es decepcionante para todos.

Certámenes

Es muy necesario acudir a convenciones, exposiciones, congresos… de todo lo que se refiere a tu trabajo. Es esencial hacerlo y después reunir al personal que estimes que por lo visto es interesante y tener con estos empleados una reunión explicativa.

Los conocimientos relacionados con la empresa no son para quedarse uno con ellos, sino para transmitirlos. Esto es esencial para su mejor rentabilidad. Es malo que lo que uno aprende lo quiera guardar como tesoro y no transmitirlo a los demás de la empresa (a los que les pueda afectar, evidentemente). Quizá no se quiera ni guardar, pero en muchas ocasiones se hace por comodidad.

17. INNOVACIONES

El futuro

No viene el futuro, lo construimos hoy. El futuro es de los que saben anticiparse y lo cogen. Seamos diseñadores de futuro. El futuro no sabemos si tiene futuro. Seamos de los que hacen futuro.

El visionario

Es importante ser visionario, ver «visiones». Dicen que los viajes los hacen las personas. No es así. Son los viajes los que hacen las vidas, viajes físicos o mentales.

El visionario, en definitiva, no ve el límite o lo ve cuando vaya al cielo. En el cielo, posiblemente, esté el límite.

El visionario en la empresa es fundamental, visionar dónde estaremos o deberíamos estar y cómo será el mundo dentro de veinte años, por ejemplo. No podemos ir donde el mundo nos lleve, hemos de llevar nosotros al mundo.

Esto puede parecer una chorrada, pero no lo es en absoluto. Si usted piensa que esto no tiene sentido, es sencillamente que piensa diferente, es un punto de vista suyo.

Hay que pensar más allá de lo convencional (eso es talento) y explicarlo con detalles, Si no es así, no es nada. Con tu pan te lo comas.

Balzac

Como decía el célebre novelista francés: «Lo mejor de la vida ¡son las ilusiones de la vida!». Balzac escribió mucho sobre el comportamiento de la sociedad, era fino observador. No perdamos ilusión, la vida es muy ilusionante. Hay quienes piensan que estamos en un mundo muy malo. A estas personas les sugiero que se vayan a una clausura a llorar por este mundo traidor que tan mal se portó con ellas. Así por lo menos no nos complican la vida a los demás.

Los tiempos cambian

Creo que dentro de no mucho tiempo a nivel global se pasará de «luchar contra el hambre» a «luchar contra las grasas», ya que desaparecerá la malnutrición. La hipernutrición no lo hará; esta será muy difícil de desterrar.

En mis viajes a Estados Unidos he visto a mucho personal muy gordo, pero no hablamos de gordos de tipo europeo, sino de gordos gordos, gordísimos, tremendos, deformes.

Las ideas nuevas

Las ideas deben madurarse, no se puede ir a salto de mata. Han de estudiarse bien, describir el proceso de puesta en marcha de la nueva idea. Muchas veces al que es realista se le dice, para molestar, que «no le gusta la idea». Las ideas para ponerlas en práctica en una empresa no se trata de gustos, sino de objetividad, de ver su posible futuro y evaluar el daño económico en caso de fracaso.

Esto hay que evaluarlo previamente, no hacer las cuentas del cuento de la lechera, origen de tremendos fracasos de puesta en marcha obcecadamente de proyectos ilusorios sobre ideas coherentes, pero sin tener en cuenta para nada las realidades del mercado y la evolución de este. He visto en empresas desarrollos de ideas, pero han durado tantos años que cuando por fin las han puesto en marcha eran un desastre. Realmente, se habían convertido en viejos proyectos caducos.

Quiero pescar la luna que se refleja en el agua

Hay que soñar quizá imposibles y hacerlos posibles, pero sueña tú, no hagas perder el tiempo haciendo soñar a los demás en horas de trabajo.

Una laguna es como un espejo grande tendido en el suelo, donde se reflejan sonrisas, donde se refleja el cielo. Pero no es posible en una laguna pescar la luna. Aunque haya muchas personas que se empeñen.

Hospedería

Es la conversión en hoteles de conventos de monjas. Hay que hacer un plan de hospedería para evitar la ruina y destrucción de conventos con siglos de historia que tienen un valor arquitectónico e histórico impresionante.

Al diseñar un hotel se puede intentar estudiar que sea reconvertible en hospital, ya que con los tiempos que se avecinan no es mala idea.

El crecimiento de la población

Es un tema que no está claro. En los países desarrollados se tiende a la disminución de la población, porque se casan dos y tienen normalmente un hijo, todo lo más dos. Aparte están los que no se casan.

Es terrible decirlo, pero creo que es cierto que cuando aumenta la cultura disminuye el número de hijos, pues los hijos son muy caros y quitan libertad. Por supuesto, dan muchas satisfacciones, pero se toman con ellos responsabilidades y, en general, el género humano tiende a no querer responsabilidades y vivir cómodamente la vida.

Ahora estamos en la civilización del confort. Es más, en los matrimonios tanto el hombre como la mujer trabajan por cuenta ajena cada vez más y en mayor número, con lo que atender a los hijos es complicado.

La sociedad ha cambiado, ha evolucionado, y ahora es distinta. Y dentro de unos años será distinta a la de ahora. Las sociedades se autorregularán en el número de nacimientos para evitar problemas de exceso de población en el mundo.

Teniendo en cuenta lo dicho sobre el coste de un hijo y los problemas que ello conlleva, la tendencia a la comodidad, el hecho de que la mujer se ha incorporado al trabajo y la automatización, se puede afirmar que cada día habrá más personas pensionistas y la vida será más longeva. La preparación será cada vez más necesaria y habrá pocos puestos de trabajo.

Probablemente, los puestos de trabajo serán para personal cada vez más cualificado; conviene por ello a nuestros hijos y nietos la máxima formación posible para ocupar posiciones de liderazgo en el futuro, a la vista de lo que viene y teniendo en cuenta que la tecnología hoy toma cada vez importancia exponencial. Por tanto, nuestros hijos y nietos han de estudiar y prepararse para un alto impacto tecnológico.

Así que lo de cobrar un sueldo del Estado por no trabajar es lo que viene en el futuro y cómo mantener distraída a dicha masa de población.

Los desarrollos tecnológicos

En I+D+i se contará con los institutos públicos y privados para desarrollar aquellos tramos en los cuales la capacidad de tu empresa no tiene medios suficientes para efectuarlo. Esto está claro; es simplemente una contratación con terceros.

Si una cosa te gusta mucho

Si alguna cosa te gusta, no es demasiado cara, es asumible y la consideras interesante, no pidas opinión acerca de si comprarla o no. No lo dejes para más tarde y cómprala, no vaya a ser que vuelvas a por ella y no esté porque la hayan vendido a otro que se te ha anticipado. Siempre dentro, evidentemente, de las previsiones empresariales.

Moléculas milagrosas

Te hablan de una nueva molécula de resultados escandalosamente buenos, pero de la que tú, que estás todo el día en el tema, no sabes nada. Si no crees en resultados milagrosos, no creas nada de lo que te cuentan sobre ella, a no ser que creas en los milagros.

Si quieres progresar

«Si quieres progresar tienes que atreverte a ir en dirección contraria, con alto riesgo de estrellarte. Si vas donde todos, está todo inventado» (Juan Roig-Mercadona).

Hay quien tiene una alta capacidad de trabajo que le viene de serie, casi brutal. También hay otros que, por vía genética, no saben lo que es el trabajo.

Pero los genes, con sus reglas, son imprevistos. Padres con una determinada característica similar pueden tener un hijo que tenga una característica de un antepasado (por ejemplo, del abuelo de su abuelo) y para nada de los padres. ¡Qué lío son las leyes de la genética de Mendel!

En definitiva, cada uno puede ser de cualquier forma. Es una lotería lo de los genes.

La tecnología ponible

Se llama así a la que llevamos puesta con nosotros, en nuestro cuerpo. Ello da que pensar, pues cada día incorporamos más tecnología:

-Audífonos para disminuir el problema de la audición, cada día más importante. Yo estoy bastante sordo, pero sin audífonos casi completamente; con los mismos me defiendo bastante bien.

-Marcapasos, como lleva Trini, mi querida compañera de vida (cada día más guapa).

-Gafas. He leído que ya las hay que sobre el cristal se puede leer lo que te hablan, como forma de que los sordos se comuniquen.

-Reloj de pulsera inteligente comunicado con el móvil, cada día con más funciones.

-Zapatos electrónicos. Para los que les guste o lo precisen, con lamparitas que los iluminan y sensores que si hay algún obstáculo delante te avisan para no caer.

-Medidor de tensión, de forma continuada y conectado a un centro médico.

El móvil se ha convertido en un potente ordenador personal. Cada vez estamos más en un mundo conectado electrónicamente, con avances tecnológicos incesantes. Se dice en cuanto a los avances que ahora, próximamente, será cuando comiencen de forma importante de verdad y que habrá muchísimos en los próximos cinco años.

Estamos en una era de desarrollo tecnológico sin precedentes que va a cambiar el mundo, sin duda para mejor, y que va a afectar mucho a un mundo nuevo, a la estructura de las empresas y, por tanto, al sistema de trabajo gerencial, donde el factor de innovación será bastante esencial en un mundo cada vez más competitivo. Según parece, los adelantos hasta ahora son un pequeño aperitivo para las innovaciones que vienen, que nos dejarán boquiabiertos.

La nevera inteligente

Ya la tenemos en el mercado, ya se puede comprar. No sé dónde vamos a ir con tanta inteligencia por todos lados. Yo al menos la nevera la quiero siempre tonta para hacer juego con mi inteligencia.

Las mascotas

Perritos y gatitos fundamentalmente, ahora «enmascotados», son máquinas de defecar, son máquinas contaminantes que miccionan (o hacen pis) y, por si fuera poco, con su lengüita trasmiten toda una microfauna. Con su lengua atrapan microbios nocivos que después trasladan a los humanos para que contagien.

Lo lógico es que hubiese un robot-perro sin estos problemas. Yo no soy enemigo de ellos; simplemente, los veo un problema. Su lugar está en el campo, por ejemplo. Si tú piensas lo contrario, que es normal, ruego que por esto no me odies. Es meramente una opinión. Yo respeto lo contrario.

Kit de autobuses eléctricos

Leo sobre una empresa que vende determinados kits para transformar coches de combustible líquido en eléctricos. Estamos en la época de los kits y de los kits de transformación.

De este modo, usted no tiene que pensar en aprovisionamientos diversos; simplemente, compre un kit, compre todo hecho. Dicen que las hamburguesas tienen tanto éxito porque la carne te la dan «masticada». Bueno, triturada para que tú no tengas que masticarla. Vamos a ver, el mundo busca tenerlo todo hecho y que trabajen los robots.

Electrolineras

Son el futuro, hemos de adelantarnos al mismo. Fuera combustibles fósiles. Vamos por ahí y habrá que reinventar las estaciones de servicio. Se trata de otro cambio del mundo que actualmente conocemos y que cada vez está más cercano.

Para pensar

En Estados Unidos hay diez millones de piscinas. Me quedo sorprendido, no me imaginaba que había tantas. De todo hay muchísimo.

Agricultura urbana

El futuro no ha llegado, el futuro está pendiente para el futuro. Un tema que parece normal es el desarrollo futuro de la agricultura urbana. Me refiero a que los arquitectos diseñen otro tipo de construcciones donde en los tejados se pueda cultivar y donde el agua de lluvia se pueda recoger como antiguamente, en aljibes, para su uso posterior en la propia agricultura doméstica.

Un edificio puede tener para sí mismo su propia depuradora para regar la terraza de este, que puede ser solo el tejado o una planta más, sin cubrir lateralmente, tipo *parking* de coches, que iría también cultivado.

Evidentemente, el cultivo lo llevarían empresas especializadas contratadas por la comunidad de vecinos o bien una asociación de jubilados del bloque o de la urbanización, ya que habrá muchos.

También se podría hacer en los balcones, incluso en las paredes, pero esto ya es un poco el futuro del futuro. Lo normal es en las terrazas.

Desde el punto de vista ambiental es muy sano por la generación de oxígeno y su efecto descontaminante, absorbiendo CO_2. A este plan podríamos llamarlo «Techo Verde».

El consumo de agua con el riego por goteo y más avances que ya hay se reduce de forma ostensible. El abonado se haría, evidentemente, con líquidos en el agua de riego, es decir, la fertirrigación.

Ello genera empleo, disminuye costes de transporte de productos agrícolas y se cumple aquello de «de la huerta a su casa», en este caso «del tejado a su piso». Lógicamente, dicho en inglés para que suene mejor al no ser palabras nacionales. En general, se piensa que estamos en el techo del desarrollo y no es así. Estamos en el inicio de una sociedad avanzada, en cambio continuo.

Todo esto puede ser complementado con la agricultura de tejados de polígonos industriales donde no haya placas solares.

Cabe pensar también en instalar en la cubierta de los edificios molinos eólicos para generar energía eléctrica y placas solares en fachadas, con lo cual se puede poner el huerto en el tejado y que den belleza. Lógicamente, se procuraría, en lo posible, apostar por especies vegetales de bajas necesidades hídricas.

En fin, no hemos llegado ni mucho menos al futuro. El futuro está por hacerse y deberíamos empezar ya a construirlo. Vamos un poco lentillos aunque parezca que no. El futuro no debe venir de Estados Unidos, debemos crearlo nosotros. Para eso estamos.

Kennedy

Es evidente que tenía una personalidad arrolladora.

William Anders, de la misión Apolo 8, dijo: «Fuimos a descubrir la Luna y descubrimos la Tierra». A nosotros nos pasa lo mismo: tenemos que ir lejos para descubrir lo cercano.

Los *dumphone*

He mirado el diccionario y *dum* significa «tonto».

El futuro no es el *smartphone*, sino el otro, el *dumphone*. Solo llamar y ya está, la simplicidad total, volver a los orígenes. Habrá dos gamas: la inteligente (la *smart*) y la tonta (la *dum*). A mí me va mejor la segunda.

Evolución de la sociedad

Es posible que el camino pueda ir por lo siguiente:

-Pocas relaciones personales reales, pues en su mayor parte serán sustituidas por las virtuales. Así no se discute.

-Clubs de encuentros para que las personas se relacionen de forma real y hablada (y no virtual) de vez en cuando. Dedicarse a hablar, por ejemplo, dos horas a la semana con otros.

-Cada vez la mente será más simplificada porque habrá que estrujarse la cabeza menos. ¡Que piensen otros!

-Sobriedad en las comidas porque habrá más formación al respecto y por no entrar en la era del sobrepeso, que quita años de vida. Además, cuidar la comida que, en definitiva, es un bien escaso a nivel global.

-Televisión *smart* con 3D para poder ver el cine en relieve, como se decía antes.

-Mucho servir en casa casi todo y no tener que ir a comprar. Solo comprar por vía telemática

-Se lavará la ropa en la lavandería, que la recogerá en la misma casa y la llevará posteriormente.

-Servicio de comida a domicilio cada vez más incrementado y de calidad superior a la que se confecciona en casa. Y, por supuesto, más barato que hacerlo en casa.

-Viviendas inteligentes.

Todo inteligente, menos uno. Una vida muy cómoda y sin altibajos, lo cual no sé si es bueno o malo. Lo de sufrir parece que quedará para épocas pasadas. Ahora la semiestabulación con alimentación virtual para la parte humana. En definitiva, la imaginación es la memoria fermentada.

Con la COVID hemos vivido estabulados en nuestras viviendas y a muchos les ha gustado. Esta experiencia nos va a cambiar en muchas cosas la vida. Parece que lo de dar la mano y contaminar va a quedar antiguo y nos daremos codazos.

Habrá muchos acontecimientos figurativos, propios de la virtualidad de los medios informativos. Aparte de la realidad virtual, siempre subyace una realidad inquietante, donde el hombre es domesticado por los medios informativos. La realidad donde los medios de comunicación te educan equivocadamente. Eso sí que es un problema.

Un niño es un consumidor en evolución.

Después de la COVID-19

Estoy convencido de que esta parálisis, este confinamiento, dará lugar a un mundo «después de la COVID-19», en muchos casos diferente al de antes porque la escala de valores seguramente nos ha cambiado. Por ello, la perspectiva del mundo será un poco diferente.

La COVID-19 dará como fruto nuevas empresas para el desarrollo de formas de actuar nuevas y otras ideas serán enterradas. Sin embargo, otros muchos negocios quedarán fulminados.

Por ejemplo, la globalización hace que para test, respiradores, etc., no tengamos producción propia y sean importados porque es más barato, pero cuando llega una situación no prevista, como la pandemia, pues sencillamente no podemos importar porque los fabricantes extranjeros, de producción limitada, la decantan a ellos mismos o al mejor postor, al más allegado.

Las novedades más importantes que puede traer consigo la COVID pueden ser las siguientes:

-El tema de las residencias de ancianos era cada vez más importante. Pues bien, con lo que ha llovido habrá que encontrar nuevas fórmulas, hay que reinventar. Ya, desde luego, pensar en depender de los hijos es una utopía. Necesitamos que el cuidado de los mayores se reestructure a fondo después del fracaso actual de las residencias.

-Desde luego, el teletrabajo se impone, se le ha dado un tremendo empujón con la COVID-19, ya en muchos casos sin retorno. Se seguirá con él y se verá aumentado; en este aspecto, con la COVID se han adelantado cinco años. Esto es complicado, pues afectará incluso al diseño de las viviendas, que serán viviendas-oficinas.

-Los servicios a domicilio, propios de Amazon y de otras grandes compañías similares, ahora los ofrece el pequeño tendero de la esquina como consecuencia de la pandemia.

Habrá negocios nuevos como consecuencia de la COVID-19 y una forma de pensar nueva. Negocios nuevos darán puesto a nuevos gerentes.

COVID-20

Cuando empezamos a numerar malo es, porque si hemos tenido la COVID-19, ¿quién dice que pronto no haya otro virus igual o más virulento? Seguro, es lo lógico que apenas termine este virus nos pongamos a pensar en el próximo o incluso en un rebrote. Nadie habla de esta opción, pero está claro que todos pensamos en ella. Lo seguros de vida van a aumentar sin duda, como un gran negocio. Parece que primero estaban los animales gigantes, tipo dinosaurio; después fuimos bajando de escala y parece que hemos entrado ya de forma definitiva en la era de los virus, que irán ampliando gama al tener un buen mercado y cambiarán el mundo. O mejor dicho, lo están cambiando ya.

La comida es lo de menos

Esto es ya lo último. Lo que importa más ahora es que al estar en un restaurante se abra nuestra sensibilidad. Es la impresión de lo creativo. Mugariz es el séptimo mejor restaurante del mundo.

El 33,5 por ciento de la economía española está ligada a la alimentación. El sector de la alimentación mueve, aproximadamente, 165.000 millones de euros al año.

Los bares

En España tenemos el índice de bares por cada mil habitantes más alto del planeta. Hay un dicho que reza: «Jamás me fiaré de alguien que no bebe». Bueno, esto no deja de ser una tontería, ya que, por lo visto, la bebida con moderación es un estimulante para la mente, que la aviva y hace que se piense más y mejor. La cultura de beber con moderación es la cultura de vivir con alegría. Por otra parte, entre otras cosas, hay que tener en cuenta que el alcoholismo engorda y mucho. Hay alcohólicos delgados porque no comen. Aunque los abstemios quieren salir del armario y hacer el «Día del Orgullo Sobrio».

En fin, con los virus, de momento, esta actividad está de capa caída. Y genera muchísimos puestos de trabajo. Vamos a ver si este modelo cambia y cómo.

18. MIEDOS Y ZOZOBRAS DEL GERENTE

El mando no se concede ni se da. El mando se toma. El mando no es una concesión, es un don.

La zozobra

El estado anímico de cualquier persona, o de la mayoría, está sujeto a muchas incertidumbres, pesares, calentamientos de cabeza, insomnios, dudas, equivocaciones, errores, decisiones erróneas, accidentes, variados imprevistos, problemática humana empresarial y problemática familiar. Se confabula la situación en las personas que toman muchas decisiones al día, de las cuales un buen lote no son rutinarias, sino iniciativas donde se encuentra muchas veces la soledad. Toda esta situación va formando una pelota grande de sentimientos y preocupaciones que afloran en algún momento, normalmente nocturno, más o menos intenso, que puede ser una crisis nerviosa, con lágrimas en casos de alta intensidad. Después se siente uno mejor. Tener la cabeza fría para que nada afecte a la mente de uno es imposible en mi opinión. Como humanos que somos, todo nos afecta en menor o mayor escala.

El gerente, por su desarrollo de trabajo, está sujeto a una sobrepresión mental en muchas ocasiones. Probablemente no todos los gerentes, no lo sé. Yo creo que de alguna forma sí, o hay alto riesgo que esto ocurra.

La sobrepresión, la tensión alta, da lugar a enfermedades propias de este tipo de trabajos: la obesidad, comiendo como intento de quitar los anhelos; problemas cardiovasculares, infartos... Hay que tener mucho cuidado con ellos.

Causa mucha inquietud, por ejemplo un contratiempo con Hacienda, una larga inspección de Hacienda o de cualquier otro organismo donde pueden salir errores u omisiones que ni tú mismo conozcas o seas consciente de ellos ni de que los había. Y todo en una incertidumbre de negocios, porque no creo que existan buenos negocios. Los habrá, pero muy pocos. En la inmensa generalidad se vive al filo de la navaja, con muchos gastos y la problemática de generar ingresos que superen a los gastos, algo siempre difícil e inquietante, ni mucho menos fácil.

Si a ello le sumamos caídas del mercado, en volumen o en precios, te hace ver un futuro a corto plazo incierto. No hablemos de la terrorífica depresión de 2008 y sus terribles secuelas, que muchas empresas no pudieron soportar y ahora se ven obligadas a aguantar las consecuencias de la imprevisible COVID-19.

El gerente (y, por supuesto, antes los que son accionistas importantes de la empresa) o el dueño o dueños en primer lugar, según cuáles sean las circunstancias, lo pasan bastante mal. Estos últimos por su dinero; el gerente y el cuadro directivo en general por su trabajo, por el futuro. Aquí hablamos mucho del gerente, pero es una forma de simplificar. Realmente, nos estamos refiriendo a todo el organigrama que abarca a todo el cuadro directivo.

Conocimiento

Mientras más aumenta nuestro conocimiento, más se observa el nivel de nuestra ignorancia. Mientras más aprendo, más veo lo mucho que no sé.

Hoy se tiende cada vez más al trabajo especializado ante la multitud de nuevos conocimientos. Hay una definición que me encanta del especialista y que la he dicho muchas veces en mi vida, con bastante aceptación por todo el que la ha escuchado: «Especialista es aquel que cada día sabe más y más de menos y menos hasta que sabe casi todo de casi nada». Hoy el mundo es de los especialistas, de personas muy preparadas en un trabajo concreto, del que saben más que mucho.

Los nervios

Es un tema difícil de controlar, muy difícil. Se necesita un alto dominio de uno mismo para mantener la calma, no poner mala cara ni hacer gestos despavoridos, levantar la voz o decir necedades propias de la pérdida de los nervios. Muchas veces después se arrepiente uno.

Perder los nervios produce muchas secuelas mentales y de todo tipo, no solo para la persona que los pierde, sino para todos los demás. Hay que procurar controlarlos, pero es muy difícil, somos humanos, así que hay que hacer un esfuerzo al límite hasta llegar a conseguir un hábito. Yo lo he conseguido en alto porcentaje, pero no siempre. En estos temas no alcanzar el total tiene también resultados muy perniciosos.

Esto no quiere decir que no se puedan «echar broncas», pero amables y claras. Se debe comunicar con fuerza, pero sin crispamiento, evitando siempre los malos modos.

En fin, esto es fácil decirlo, pero en todos los terrenos (el familiar, el del círculo de amigos, el profesional, etc.) conviene no perder los nervios y decir lo justo cuando el oponente los tiene perdidos. Y después, cuando se relaje, hablar con él con calma y dejar las cosas claras.

En mi mente se mantienen vivas personas que han perdido los nervios de forma injusta conmigo en mi vida. No las recuerdo con odio; simplemente, con tristeza. Y más por ellos que por mí. La mayoría ha muerto, aunque tampoco es que sean tantos, cinco o seis.

Yo, evidente y lamentablemente, he perdido los nervios muchas veces, cada vez menos a medida que se va ganando experiencia, pero aun así ocurre en algunas ocasiones. Probablemente, me he contenido en muchísimas ocasiones, en las que he tenido retortijones en el estómago y me he callado, y en otras que no me he callado quizá haya sido mucho peor, por lo que he llegado a la conclusión de que es mejor callarse. Esto requiere entrenamiento y, además, cierto espíritu deportivo. Algo así como salirte de tu propia persona. Es decir, ser como en el fondo no eres.

La estupidez

Es decir majaderías sin el menor sentido, aunque el que las dice piensa que lo tienen. A veces las estupideces son tan grandes, tan desmedidas, que evidentemente sorprenden y desconciertan, al menos inicialmente. Hay estupideces que superan al Himalaya.

Normalmente, los que las oyen se callan por un tema de prudencia, por no molestar. Lo moderno es estar más cómodo y evitar problemas. Hoy he leído una realmente impresionante. Lo malo puede ser que el que las dice las pueda creer, en cuyo caso es grave. Es de psiquiatra.

La empresa en la sala del juzgado

Hoy día ya la empresa es responsable, se procesa a la misma, pero claro, no se puede encerrar a un ente jurídico y entonces responden las personas.

Está claro que con el *compliance*, de alguna manera, se establece de lo que es responsable cada empleado que toma una decisión, pero por no tener esto bien estructurado o por las circunstancias que sea es el gerente el que se puede ver sentado en el banquillo, procesado, con el insomnio y la preocupación que ello provoca, personal y familiarmente. Es algo tremendo.

No es de recibo que el gerente quiera evadirse y que tenga que afrontar el tema el presidente cuando es el gerente el gestor.

Supongamos un accidente grave o mortal. Por muy bien que se haya cuidado todo, siempre sale algo que no se ha hecho, porque son miles de cosas y, bueno, en estos casos entonces se suele apuntar a ello. La empresa paga en dinero (o quiebra si no puede), pero las responsabilidades penales son para el ejecutivo o ejecutivos que corresponda o para el dueño de la empresa, que a lo mejor no tiene nada que ver con el problema. Un problemón.

Aparte de dinero, estamos hablando de cárcel. Como haya un problema grave en la empresa y no tengas los documentos todos al día te la has cargado.

Otro problema es la tremenda dificultad en obtener de la Administración los documentos, con retrasos, más retrasos, más requerimientos, más normas hasta el aburrimiento. Así que de entrada, como opinión, cuando pase algo estás condenado.

Quizá por ello el puesto más deseado es trabajar en la Administración del Estado. Es lo que creo opina la inmensa mayoría, los puestos más soñados, donde el puesto de trabajo es vitalicio, para toda la vida, y no hay la exposición a la incertidumbre y el riesgo de una empresa, sobre todo de una pyme.

Otra cosa, posiblemente, sean las empresas de enorme tamaño, evidentemente con más recursos. Y no digamos ya los autónomos, cuyos ingresos corresponden a lo que pueden gestionar día a día.

Mi padre, cuando yo era joven, me recomendaba una y otra vez que buscara trabajo en el Estado como voz de la experiencia. Para él eso era lo mejor que un padre pueda desear a sus hijos. Pero, en fin, después las cosas vienen como vienen y van por otros derroteros en muchos casos.

La Administración del Estado debería actualizarse, modernizarse, disminuir personal, ser menos costosa y más eficaz, como cualquier empresa. Se requiere una Administración moderna. Eso sí es ayudar al desarrollo de la nación.

A lo que más temor he tenido en mi vida

El principal temor que he tenido en mi vida ha sido quedarme ciego, el temor a perder la vista, a perder el contacto visual con el mundo, a meterme un túnel sin salida.

He visto casos cercanos de dos amigos que de noche se acostaron normalmente y se levantaron ciegos. Que yo sepa, se lo han tomado con filosofía. ¡Qué grandes son! Yo seguro que estaría horrorizado. No sé si podría soportarlo. ¡Es tan importante ver el mundo! Sentir su palpitar. Tomar el pulso al mundo.

19. LAS DECISIONES

Dudas

Se tienen y muchas. La forma de quitarlas es escribirlas, separarlas, estudiar una a una y tomar decisiones. Hay quien piensa que no es necesario escribir; sencillamente, lo dicen por zafarse de este trabajo, que es incómodo. Yo lo recomiendo porque considero que al escribir se aclaran las ideas. No se debe decidir cuando hay un torrente de cuestiones, sino tomar nota de ellas y después estudiarlas y resolver lo que se pueda. Las decisiones han de ser tomadas con tiempo. Cada decisión tiene su tiempo en el cual hay que evacuarla y decidir. Es fatal no decidir y dejar que los temas se arreglen solos, salvo algunos concretos.

La toma de decisiones es responsabilidad del directivo, despejando dudas. El directivo ha de tener una personalidad estratégica, debe tener muy claros sus objetivos para el bien de la empresa y no para sí mismo, como ocurre en muchísimos casos, lo cual lo desvirtúa como buen gerente, evidentemente.

Decisiones sobre temas intrascendentes

Si tienes dudas ante una decisión pequeña, teniendo más de una alternativa opta por la más simple, la más modesta. En una comida con varios amigos he optado por el plato más caro y hemos pagado a escote. Solo mi plato suponía el doble de precio que lo que hemos pagado cada uno. Me he arrepentido. Te sentirás mejor. Aunque el chuletón de vaca vieja estaba buenísimo.

Es mejor aprender a no tenerlo todo y vivir a lo modesto. Y si tienes un deseo, mejor olvidarlo. Te evita problemas. El sacrificio tiene sus recompensas.

Lo que no puedes es dejar las cosas «para luego». Si no se pueden digerir los temas y pensamientos del día a día, dejarlos «para luego» es aumentar el número de problemas.

Si se quieren hacer las cosas muy bien hay que pensar mucho las decisiones. Entonces se te acumulan los problemas. Hay que aprender de forma rápida a tomar decisiones acertadas en temas del día a día, en los temas no importantes. Es decir, en aquellos que no afectan de forma destacable al conjunto de la empresa. Y es necesario aprender a equivocarse y asumir las consecuencias, que es como se aprende. No tenemos ciencia infusa, tenemos más bien ciencia confusa.

La toma de decisiones trascendentes

Estas sí se deben dejar reposar y verlas con tranquilidad. Solo se deben dejar las decisiones trascendentes, que pueden afectar en cierta medida de importancia a la empresa. Esas sí, las trascendentes hay que estudiarlas. No se pueden tomar riesgos altos en una empresa que afecten a su estabilidad por una decisión atropellada.

Conviene tener estudiadas, por otra parte, contestaciones para posibles decisiones trascendentes. Si estas se presentan y ya las tienes estudiadas previamente sí que puedes contestar sobre la marcha, aprovechando la oportunidad, pero hay que tener claro que esto solo es posible cuando se tiene preparada la contestación y se está esperando la ocasión de que se te presente la toma de una decisión trascendente.

Como decía un antiguo maestro profesional: «José Luis, en los discursos hay que tener preparadas hasta las improvisaciones. Todo es cuestión de planificación y de mucha preparación, de ensayo».

Si tomas una decisión y no quieres equivocarte nunca, lo tienes crudo. Entonces ocurre que las ralentizas, tienes que estudiarlas, no tienes tiempo de adecuarlas y puedes cometer errores.

Tienes que aprender a equivocarte y asumirlo, ya que si quieres ser perfecto pierdes estúpidamente el tiempo. La persona perfecta ya deja de ser perfecta si tarda más de lo razonable en tomar decisiones. Un directivo tiene que tomar decisiones porque es su trabajo. Evidentemente, dentro de un marco genérico que permita progresar a la empresa.

«Todo acto forzado se vuelve desagradable» (Aristóteles)

Hemos de hacer cosas en las que nos sentimos felices. Las demás también. Lamentablemente, muchas veces nos vemos forzados a actos porque no hay más remedio. Hay que tomar decisiones que no nos gustan. Si has obrado en conciencia, con rectitud y porque tiene que ser así, no deben quedarte remordimientos. Todo ello, evidentemente, dentro de la legislación vigente.

Suponer es la forma más elemental de equivocarse

Dar por buenas deducciones o suposiciones y sobre ellas actuar es de juzgado de guardia. Hay que actuar de acuerdo con realidades, no con imaginaciones.

El pánico

Es un tipo de ansiedad en grado extremo. Es la sensación de terror, de peligrosidad y de no tener arreglo.

Yo he sentido pánico algunas veces en mi vida. Ahora no soy capaz de asociarlo a situaciones. Quizá haya tenido esta sensación ocho o diez veces a lo largo de mi vida.

Pánico escénico

Se trata, por ejemplo, del miedo o terror a hablar en público, a hacer el ridículo. Yo a esto no le llamaría pánico aunque se le dé este nombre. Es más bien miedo, temor. Normalmente, si la puesta en escena la tienes bien preparada irá todo bien. Si quieres ser tan bueno que sin trabajar quedes muy bien porque tú eres mejor que nadie, lo tienes más que crudo. Los exámenes no se aprueban sin estudiar a fondo, a no ser que haya un milagro, tema harto difícil.

Si te crees tan listo que sin preparar nada vas a estar brillante, estás apañado. El triunfo es cuestión de las tres «P»: preparación, preparación y preparación.

Ejecutar una idea que es una barbaridad

Si tienes que hacerlo y tienes claro que se trata de algo que no tiene sentido, no te metas en ello. Dilo, quítate de en medio y que lo haga otro, que no lo hará seguramente. Hay que actuar en lo que se está bien convencido después de mucho analizarlo, después de haberlo sometido a un minucioso análisis.

20. LAS INVERSIONES

No inviertas en lo que no tengas muy claro y seguro que puedes pagar. Poniéndote en una mala situación mental, trata de ver si aun así puedes pagarlo. Las situaciones malas son las que imperan. Recuerda el cuento de la lechera: ten cuidado, que se rompen las cántaras, eso está claro. Los cuentos cuentos son.

El tiempo de ejecución de las inversiones

Debes tener clara su planificación, así como sus resultados, y tener muy en cuenta la evolución futura del mercado. Si las circunstancias hacen invertir con cierto riesgo, te espera un martirio chino en el trayecto y después del mismo.

Las inversiones son un problema grave

Por un lado, tienes una normativa legal que las hace muy difíciles, con tantas normas y tanta lentitud por parte de la Administración del Estado o sus autonomías y organizaciones.

Me refiero a que las inversiones son muy lentas a la hora de obtener luz verde y cuando te dan la misma a lo mejor ya las ganas inversoras se te han pasado. Los tiempos cambian.

Normalmente, si son llave en mano de temas ya manidos el asunto es sencillo, pero en innovaciones es terrible, pues por su propio nombre no sabes cómo será la cuenta de la cuantía total, no sabes las dificultades que te encontrarás ni sabes el resultado que tendrás.

Evidentemente, tienen que ser asumibles por la empresa. Las inversiones son un lío tremendo que da para escribir otro libro (que, desde luego, no voy a escribir). He sufrido tremendamente con ellas. En un mundo tan cambiante y globalizado, las circunstancias pueden cambiar para bien o para mal en veinticuatro horas. Y no hablemos de las dificultades técnicas que te puedes encontrar y lo mucho que hay que trabajar para encontrar soluciones.

Sin embargo, son necesarias en el desarrollo empresarial. Las empresas tienen un mérito grande. Los empresarios, por ello, deben estar tremendamente considerados y arropados en lo posible, porque son el motor del desarrollo. Son nuestro posicionamiento en el futuro.

Es mejor no invertir, así se vive mejor, pero es necesario para estar en el mundo empresarial y no desaparecer. O evolucionas o te pierdes en el infinito.

21. RECOMENDACIONES Y CARACTERÍSTICAS DEL GERENTE

El gerente ha de tener unas particularidades cerebrales específicas.

La formación de la niñez

Es la base de la vida. Hoy (6-9-2019) hablaba con mis nietas en la comida y, viendo lo «selectivas» que son con el menú, les dije: «Cuando yo tenía vuestra edad, mi madre ponía a sus hijos, por ejemplo, potaje de garbanzos y eso es lo que había, aparte de un segundo plato ligero y alguna fruta de postre. Si alguien decía:"A mí no me gustan los garbanzos", mi madre le respondía: "Bueno, pues entonces no comas. Levántate sin comer".Y por la noche de nuevo te ponían el mismo plato.Y si uno no quería comer, entonces al día siguiente era lo que había.Y no fallaba: con el hambre se quitaban los gustos.Vosotras, Nerea y María, cuando seáis mayores (yo ya no estaré, por supuesto) y tengáis niños pequeños, ¿qué camino vais a seguir, el de poner el plato que sea hasta que se lo coman o el de dar el capricho que se le ocurra a los niños?».

Me contestaron: «Darles el capricho en todo lo posible, pobrecitos.Y que no sufran».

Yo les dije: «Soy de otra opinión, la del rigor, la del compromiso».

Ellas, con sus ideas muy claras, me contestaron: «Nosotras no».

En definitiva, no sé en absoluto por dónde va el mundo, sencillamente. No puedo cambiar nada ya a estas alturas. Antes tampoco, pero al menos lo intentaba a fondo y alguna vez salía alguna cosa.

La formación, lo que cada persona aprende en los primeros años (por ejemplo, hasta los quince años) es la base de los planteamientos para el resto de la vida. Pero ya no sé, porque depende de los padres, de los teléfonos móviles donde los niños están enganchados, de la educación que reciban en los colegios, de sus compañeros y, evidentemente, de la tendencia de cada uno.

Un lío donde el esfuerzo, debemos tenerlo claro, suele no tener recompensas a corto plazo y donde quizá la suerte tenga mucha influencia. Caminamos hacia un mundo muy distinto, como siempre ha caminado la humanidad, pero que no voy a ver. Y no viéndolo no pasará absolutamente nada que yo vea. Soy un número entre nada menos que 6.000 millones, con un principio y con un fin, por imperativo de la edad cercano sin ser ni mucho menos pesimista, que no lo soy.

Por si todo esto fuera poco está el factor genético, que las leyes de Mendel nos aclararon, por el que pueden aparecer en nuestros hijos genes de antepasados de muchas generaciones atrás, lo cual complica aún más la situación de lo muy variada que es la población humana, la mente humana, y la evolución hacia mejor en un mundo cada vez más complejo. Que ya veremos, porque lo de dar caprichos creo que no es para mejor, sino que los que sigan esta senda no será la óptima para su vida, en mi opinión.

El descanso continuado y excesivo y el querer trabajar lo mínimo no llevan a ningún sitio a la persona. Es una conclusión de mi existencia. A lo mejor estoy equivocado. Cada vez sé menos.

Escribo por una sola razón: quiero dejar alguna huella de mi paso por la vida. Quiero que al menos algunos sepan que he existido y dejar algún recuerdo que, aunque sea de poco, pueda ayudar a alguien. Nada más.

Cabalgad siempre

Viajad siempre en la vida sobre la cabalgadura de la ética. Ello no falla, es lo mejor. Olvidemos caminos que otros toman sin tener en cuenta la misma, caminos que pueden pensar erróneamente que son mejores. ¡Qué horror!

Conocimiento

Mientras más aumenta nuestro conocimiento, más se ve el nivel de nuestra ignorancia. Mientras más aprendo, más veo lo mucho que no sé. Pero esto no debe ser la causa de no seguir en el camino de aprender.

Empezamos a aprender cuando nacemos y dejamos de aprender cuando morimos. El aprendizaje es continuo y está presente siempre. La formación es un proceso continuo que no acaba nunca.

Gerente bueno y gerente malo

Un gerente es bueno o malo si los resultados anuales de la empresa son buenos o malos, respectivamente. No hay otra.

No hay justificación para resultados malos. Los intentos de justificar años malos se considera que son lo menos que puede hacer un incompetente. Quizá sea una afirmación muy drástica, pero en el fondo es así. En todo caso, se puede perdonar un año, no la reincidencia.

Antes está la supervivencia de la empresa que la del gerente en su trabajo.

Puede haber causas mayores, pandemias, crisis de 2008 y circunstancias graves imprevistas; en ellas no hay que justificar resultados malos. Hasta cierto punto, en estos años se tapa la gestión del gerente y es para el mismo un alivio en el sentido de la evaluación de su gestión, si bien en un año o dos tiene que tener la capacidad de recuperarse la empresa.

Si la empresa va bien no hay por qué felicitarlo, pues solo ha cumplido con su deber; no obstante, como ello es barato, me refiero a felicitar, suele hacerse y es bueno felicitar. Qué menos.

Soluciones para mañana

No se debe dejar para solucionar mañana lo que sabemos ya de antemano que mañana no vamos a solucionar.

Uno bien y otro mal

Desde hace muchos años veo dos restaurantes en determinada localidad, junto a la autovía. Comparten ambos el mismo y amplio *parking*. Uno de los restaurantes siempre está lleno de clientes y en continua renovación. El otro, que está a su lado, está siempre desierto, sin cambios, año tras año. Son dos negocios de la misma actividad económica, están en el mismo sitio, sus edificios son similares, pero uno tiene mucha clientela y otro muy poca. Está claro que es causa del gerente de uno y del otro.

No sé si hay negocios buenos y malos; quizá lo primero que se debe analizar es si el gerente es bueno o malo. Cualquier negocio puede ser bueno si tiene un buen gerente y lo contrario también: puede ser malo si el gerente lo es.

El gerente, puesto muy precario

Lo más normal es que te echen pronto. Entonces la justificación es tu fracaso y te quedarás envuelto buena parte de tu vida en sombras y penumbras, desaparecido del mapa. Y aunque nadie lo vea, que lo ve, eres en alta medida un fracasado. Las cosas son como son.

Esta frase, «las cosas son como son», me la dijo mi nieta María, con trece años: «Abuelo, las cosas son como son». Pues no sé. Las cosas, en cierta medida, intervenimos mucho en ellas para que sean lo más parecidas posible a como habíamos soñado que fueran.

No soy el único, pero sí del grupo de los mejores

No necesito abuela. Siempre se me ha dicho eso y que soy, en ese sentido, muy egocéntrico. Bien, todo lo que quieras. Quiero que sepas que no tengo culpa de ser del grupo de los mejores, sin más pretensión.

A mí no me han comido la cabeza aún y sería complicado debido a su dimensión.

Empieza de joven a preparar tu jubilación

Esto es cuestión de la mente. Muchos me han dicho: «¿Cuando te jubiles qué vas a hacer, si toda tu vida has estado trabajando y no sabes hacer otra cosa?». Interiormente me he reído. ¡Cómo se ve que no me conocen!

El gerente es como un entrenador de fútbol

Todo lo demás son historias. Si el resultado es muy bueno, el gerente es muy bueno; si el resultado es normal, el gerente no se esfuerza y aquí sí cabe justificación; y si el resultado es malo, hay que quitar al gerente, no hay justificación que valga. Exactamente como ocurre en un equipo de fútbol. Si esto no se hace así, entonces el órgano por encima del gerente no es efectivo y habría que quitar al mismo, cosa ya bastante más difícil.

Cada gerente tiene su propio estilo

Esto es evidente. Cada uno es cada uno, como cualquier ser humano. El gerente, en definitiva, implanta un estilo en la empresa, aunque piense que no. ¿Qué estilo es el mejor? No sé, cada uno piensa que el que uno tiene es el mejor, pero esto no es así. Los modelos evolucionan y el modelo de gerencia también, por lo que el gerente no puede pensar que su estilo es el mejor, porque el mejor no existe. Es un desarrollo continuo, sin fin. El mejor estilo no existe. Existe la tendencia, existen los objetivos, existen las normas…

Hay gerentes herederos de la tradición, gerentes con perfil burócrata, que para sacarlos de la oficina hace falta una orden judicial.

Gerentes pelotas con su superioridad.

Gerentes que se consideran a sí mismos de paso, porque sus pensamientos son otros.

Gerentes que empezaron como empleados y quieren convertir la empresa en su casa.

Gerentes de nuevo cuño, cuya concepción del trabajo se basa en el trabajo en equipo y que piensan que la empresa irá muy bien si se basa en muy alta medida en relaciones humanas.

Gerentes operativos, que solo miran los números y estadísticas y así piensan que controlan todo.

No hay razas puras de gerentes, sino mezclas. Quizá no haya ningún estilo bueno. Todos serán criticados.

Otros gerentes serán considerados como «gastosos» cuando realmente han construido una empresa. En fin, es un mundo totalmente complejo y quizá no pueda ser de otra manera. Las empresas son (o deben ser) muy dinámicas; por tanto, el gerente se encuentra en un barco dentro de un mar con muchas tormentas.

La verdad

Conocí a un gerente. Le preguntó el consejero delegado que cómo llevaba las previsiones. Contestó que el doble del año pasado. Yo estaba en la conversación. Cuando se fue el jefe le dije:

—Antonio.

Se lo dije porque lo había engañado, pues llevaba la mitad, cifra que yo conocía.

—Es que tú de lo que hablas, José Luis —me dijo—, es desde primero de enero y yo las cuentas que le he dado son del 1 al 15 de octubre en relación al año pasado.
—Pero tú —le contesté— sabes que siempre se refiere a los números desde primeros de año.
—Yo no sé eso. Yo pensaba en las que he indicado —me dijo con todo su rostro.

Es una forma de engañar, diciendo frases equívocas. Si esta es práctica habitual del gerente, pues apañada irá la empresa. A él, seguramente, le daba igual cuando obraba así (al poco tiempo lo echaron).

Es necesario que los gerentes se metan en la fábrica

Conviene llegar temprano, a la hora de empezar la jornada, y presentarse de sorpresa, dar vueltas y observar, preguntar sin censurar (ya habrá tiempo), ver y ver, estudiar y sacar conclusiones. Y esto igual con todos los departamentos. Conocer bien cada rincón de la empresa y su funcionamiento es básico para el gerente, pues de ello saca muchas conclusiones para su gestión.

Hay que distribuir los tiempos y que no te lo absorban parcelas concretas. El gerente es como un entrenador de fútbol y debe estudiar a cada uno de los jugadores y sus potencialidades y, por supuesto, no apartar la vista de la cantera.

No es bueno dar bromas

El sentido del humor es muy distinto en cada uno. Entonces frases que se lanzan para que sean tomadas en estilo jocoso a veces ocurre todo lo contrario, que son asimiladas literalmente y se vuelven contra el que las ha lanzado como un *boomerang*, que te da en las narices. Esto ocurre incluso con la propia familia y no se escarmienta.

Yo he llegado a la conclusión de evitar en lo posible los quebraderos de cabeza. El cupo de ellos lo he superado más que ampliamente a lo largo de mi vida profesional y decir algo que estimas gracioso se puede convertir en un problema para el receptor y para ti por no haberte entendido o, mejor dicho, por no haber medido cómo se puede interpretar. En fin, no habrá bromas (ni mínimas), es lo mejor. Dejo de ser gracioso, si es que alguna vez lo fui.

Es triste no poder dar ni bromas, pero vamos a un mundo abocado a ello, a un mundo que quizá podemos llamar deshumanizado en cierta medida.

Una broma es algo muy serio, dijo Winston Churchill.

La sucesión del gerente

El gerente debe preparar a su sucesor, debe buscar tener un recambio o dos como un trabajo fundamental y después el consejo de accionistas que haga lo que estime. Hay muchos gerentes que no quieren enseñar para salvaguardar su puesto. No han aprendido que siendo así son malos gerentes y que, por tanto, serán despedidos antes.

En mi vida laboral he visto destituciones de directivos y sobre la marcha el nombramiento de sustituto, en muchos casos externo a la empresa. Mi experiencia en ello ha sido que siempre estos movimientos, por lo general, han sido malos para la empresa. Es mucho mejor de la cantera, más seguro.

También he visto, como he comentado, a directivos que no han querido entregar todo su conocimiento a otras personas que podrían sustituirlos por temor a perder el puesto, lo cual me parece aberrante y es signo evidente de que el directivo que hace esta práctica es un directivo no deseable para la empresa y tarde o temprano sufrirán las consecuencias la empresa y el directivo.

El gerente y el sustituto

El gerente debe procurar tener un sustituto. Esto casi nadie lo hace para estar «protegido».

El buen gerente debe tener bien prevista su sucesión, como se hace en las familias. Otra cosa es que después el dueño salga por otro lado, pero la sucesión debe estar prevista por el gerente y no debe tener miedo al futuro si es un buen gerente. Si aun así se le echa de la empresa, habrá otras muchas que le abran las puertas. Básicamente de la competencia, obviamente.

La juventud y la gerencia

Hay una cita clásica: «Cuando los dioses querían castigar a un pueblo, le enviaban un rey joven».

El rodaje largo es imprescindible. Por buenísimos que sean, antes de asumir ciertas responsabilidades han de aprender bastante. Los pocos años impiden tener una visión de conjunto. Esto es así, se quiera o no. Es la vida.

Recordando a Víctor Hugo: «Los cuarenta son la edad madura de la juventud; los cincuenta, la juventud de la edad madura».

Esto moderno de que lo que vale es la juventud y que la época de los mayores ya es antigua no es ni mucho menos así. La vejez no es cosa de la edad: hay jóvenes viejos y viejos jóvenes.

Hay que pedir consejo a las personas mayores

Eso yo cuando era niño lo he vivido de forma habitual. Es lo que he vivido y creo que es muy bueno. Hoy esto es imposible. Es más, se piensa que las personas que ya son mayores tienen una forma de ser arcaica, que no va con el mundo de hoy. Incluso mis nietas, pues no admiten muchos consejos. «Vaya rollo», me comentan.

Creo que escuchar a los mayores es un asunto que se debe inculcar en las escuelas y que es muy bueno para el desarrollo de la civilización. Considerar a los anteriores «no actuales» y que los de ahora no necesitan nada de lo antiguo me parece un error descomunal para los que no utilizan este recurso que tienen a su disposición, consecuencia de la inmadurez. Se está desaprovechando el inmenso conocimiento de la tercera edad.

La incertidumbre, el desasosiego

Los gerentes normales, como creo que ha sido mi caso (otra cosa es lo de los gerentes vamos a llamar excepcionales, en cuyo grupo yo no estoy, aunque para mí pienso que soy uno de los buenos de este mundo), hemos ido acumulando secuelas en el alma, huellas en la misma más o menos profundas, que al juntarse forman socavones.

Muchas veces aparece la zozobra de ver un problema que no sabes ni cuándo ni cómo va a tener solución (si es que la tiene), ni el tiempo que te puede ocupar, cuánto tardará en resolverse, cuánto va a costar, cuánto tiempo te va a robar, cuántas cosas vas a dejar pendientes para resolver el problema y qué imagen dejas en el mercado ante tal o cual problema.

Ante los problemas, con sus incertidumbres y sus zozobras, a veces te ves en el paredón, sin opciones, esperando a ser fusilado espiritualmente y con miedos. Se pasan noches sin dormir por las inquietudes de tu mente, que, siendo objetivo, pone esos problemas en la peor de las circunstancias y ya habrá tiempo de ver cómo se disminuyen. Porque, en definitiva, tienes un sueldo, una familia, una casa cuyos ingresos no caen del cielo y tienes que afrontar.

Estos problemas son de negocios, pero también de relaciones con la superioridad y con el equipo supervisado. Y ya para colmo que tengas problemas familiares, que es lo normal al llegar a casa tarde, cansado y tras no haberle dedicado ningún tiempo a la familia.

Te vas creando una sensibilidad cada vez más acusada hacia los problemas, que termina causándote estragos por el insomnio y el malestar corporal continuo. Te sientes flotar al estar, por lo general, muchas horas sentado y con falta de ejercicio. Al no dormir te encuentras cansado (en mi caso también apareció una tos de vez en cuando, continua, ciertamente preocupante), se te eleva la tensión a las nubes, a veces sin venir a cuento y otras veces viniendo a cuento… Todo ello te hace, por lo general, engordar al ser una forma de quitarte la angustia. Además, asistes a muchas comidas, algunas interminables y otras tensas. Lógicamente, también hay muchas agradables. El balance negativo para la salud es de terror.

El estrambotismo como personalidad

Tener caracteres diferenciales con el resto de la comunidad hace crecer la personalidad. Pensemos, por ejemplo, en el bigote de Dalí o algún detalle en la vestimenta. En fin, tener algunas características diferenciales y mantenerlas con el paso del tiempo es un factor diferencial en el directivo, el cual, en definitiva, está creando su propia marca.

Las enfermedades y la jubilación

En mi caso concreto, con la jubilación poco a poco he logrado conciliar el sueño, se me ha quitado la tos y ya ando, cuando los primeros días no era capaz de dar un paso. En el despacho no me levantaba del sillón ni para ir a un armario, para lo cual desplazaba el sillón con ruedas con los pies e iba sentado al armario.

La jubilación me ha hecho recuperar la salud, saliendo de un pozo donde realmente no veía salida de mejora en la misma. Además, he ganado la propiedad de mi tiempo, la cual no la había tenido nunca.

No sé si hay gerentes que salen del trabajo y desconectan, parece que sí. No ha sido mi caso ni creo que sea posible aunque me lo cuenten. No creo en los milagros, sencillamente. Sí en la suerte, pero aquí no hay número de la suerte. Yo creo que desconectan los que nunca se han conectado. Entonces no es que por las tarde desconecten; lo que ocurre es que durante el día no han estado conectados.

Usain Bolt

En la carrera de relevos era el campeón. Siempre se reservaba el último relevo, el final, y en los últimos metros él ganaba la carrera de relevos. Su equipo ganaba porque él corría el último tramo.

El último tramo no es hacer todo el recorrido, es terminar lo que ha hecho el equipo. Rematar, concluir, terminar el proyecto. El último tramo es el más importante. Guarda tus energías para el mismo; que no te preocupe salir el primero, pero sí llegar el primero.

No cometer excesos

No son recomendables los excesos de ningún tipo, ni en comidas ni de nada. Ni hablando demasiado. Hay que actuar siendo moderado y correcto.

Los calores y Sevilla

Cuando se alcanzaban altas temperaturas en agosto y todos se marchaban a la playa, yo me quedaba en Sevilla. Esto me ha ocurrido muchos años. De forma frecuente solo me encontraba conmigo mismo trabajando y los demás no estaban.

La soledad en una ciudad grande te invita a reflexionar y pensar. No es bueno irse en las fechas que se van todos, porque la soledad te hace pensar para el resto del año. Cuando los demás vuelvan para iniciar el camino, tú llevarás mucha delantera. ¿Por qué irse cuando se van todos? Mejor te vas cuando todos estén y todo funciona. No te vayas cuando hay poco trabajo. Cuando hay poco trabajo, busca que la empresa lo tenga.

Tener amigos

Es necesario ofrecer un trato correcto y no crear enemigos. Los enemigos son malos por naturaleza. Aun con trato correcto los tendrás, pero menos, y cabe la satisfacción de pensar que no es culpa tuya, sino de ellos mismos. El trato debe ser muy humano con todos los humanos, desde el guardacoches a la persona con más elevado rango. Todos somos personas. Esto me lo enseñaron mi padre y mi madre desde muy niño: todos somos iguales. Para mí no hay discriminaciones de ningún tipo, ni de raza ni de religión ni de color de piel. De nada. Creo que la discriminación es, en definitiva, una falta de formación.

Mejor hablar bien de todos

Aunque se piense otra cosa, es mejor hablar bien de los demás para que tengas amigos y se te respete. Después tú, interiormente, piensa lo que quieras (el pensamiento es libre), pero no te enfrentes. Entre otras cosas, no merece la pena un sofocón que además no soluciona nada. Déjalos libremente, que tengan su opinión. Por el hecho de que discutas no los vas a hacer cambiar, cada uno es como es.

Durante muchos años he hablado claro, no me he callado. Supongo que mi actitud no ha hecho cambiar a nadie, pues cada uno es como es, pero yo me he llevado malos ratos y todo ha seguido su curso. No te enfrentes; escucha y dirige, que es tu trabajo.

No somos especiales

No creo que un ser humano sea especial, sí que tenga determinadas características más o menos desarrolladas. No creo que haya personas «magníficas». Creo que así se consideran quizá los que tengan la mente muy embrionaria. No hay personas especiales, hay personas. Especiales lo que hay son *pizzas*. Dejémonos de filosofías y vamos a trabajar.

Si escribes y el que lo lee te dice que no le gusta

Ojo, no lo cambies, no cambies nada. Los gustos son muy variados. Tú no puedes cambiar tus gustos y poner lo que le gusta al que te ha leído. Tú escribe y que te parezca bien a ti, que te quedes satisfecho con lo hecho. Por lo demás no te preocupes en absoluto. Si no le gusta al otro, pues que lo haga mejor el otro. Eso sí, debes actuar sin molestar jamás, y aun así molestarás.

Escribir es una buena forma de reflexionar

La escritura ayuda a poner ideas en orden en un mundo complejo y desordenado. Tiene un problema esta práctica: que es incómoda y tienes que trabajar en ello. Por eso es más fácil (y sobre todo muy cómodo) decir: «Es que a mí no me gusta escribir», que es algo generalmente incómodo.

«A mí no me gusta». Me da horror esta frase. Las cosas hay que hacerlas o no hacerlas, gusten o no. Además, los que te dicen que no les gusta escribir es porque no han escrito nunca. Es como aquel que dice: «Si el plato lleva tomate no me lo pongas, porque no me gusta el tomate». Seguro que no ha probado el tomate en su vida.

Cuando escribas un libro, no pidas opinión

Lo que escribas tiene que gustarte a ti. El libro les encantará, seguramente, a aquellos que estén de acuerdo con lo que en él se refleja. Si a ti te gusta, es suficiente. No pidas opinión ni hagas caso, para bien o para mal, de la que te den. Tú sabes que el libro es bueno y punto. Si intentas escribir de los consejos que te dan, te saldrá un bodrio. Eso sí, con las recomendaciones de los que nunca han escrito.

No lo apunté y se me olvidó

Si quieres hacer las cosas tienes al menos que apuntarlas. Si no las apuntas puede que te acuerdes o puede que no. Si no te acuerdas, no lo harás, pero tampoco tendrás problemas. Es una bonita forma de olvidar el mundo y trabajar poco, pero ello a la larga es fatal.

En fin, hay que apuntar, hay que escribir sí o sí. Y no dejar pasar y después analizar.

Apuntar vivencias en un bloc

Los apuntes deben incluir su fecha. Siempre es bueno recordar. Si no se toma nota de nada del pasado y no queda nada fijo, me refiero a escrito, todo se desvanece en la memoria. Escribir es una forma de sobrevivir en el tiempo. Estés donde estés. Escribir y alguna vez releer y recordar. Recordar es una manera de agradecer. Es bueno que tus hijos y, sobre todo, nietos te conozcan más leyéndote. Cuando no estés no hay otras opciones.

Las fotos

Es bueno poner detrás de las fotos con tinta permanente especial para plástico (es verdad que hoy en día, con las fotos virtuales, las fotos reales se han perdido, pero hablo de cuando las haya) la fecha, dónde fue y, por supuesto, quiénes son las personas que aparecen en la imagen. Insisto en que es bueno escribir en la agenda lo más destacable. Es bueno dejar constancia de la vida, es la forma de ver algún día lo vivido y poder recordar. No escribir es no tener pasado. A tus hijos supongo que les gustará saber cómo pensabas y qué hiciste en tu vida. Aunque a lo mejor les da igual. ¡Quién sabe!

Mis notas

Escribo tan mal a mano que lo que escribo, en muchas ocasiones, no soy capaz de leerlo y me desespero. Creo que la razón es que soy zocato y en el colegio, en aquellos tiempos, escribir con la mano izquierda estaba prohibido. Aunque en mi caso la mano izquierda era la buena, a golpe de vara de bambú sobre la mano izquierda tuve que aprender a escribir con la mano derecha y me sale un bodrio. Es la explicación que le doy. Todos mis hermanos tienen la letra bonita, menos yo. Aunque tampoco lo tengo del todo claro: mi padre era de los que son diestros, porque utilizan mayoritariamente la mano derecha, y su letra era igual de fea que la mía. Quizá la razón de que mi letra sea así se encuentre en otro gen heredado de él.

Exponer gráficamente

Es estupendo manejar el lenguaje y que esto permita, más que ejemplos, apoyarse con «muletillas» esclarecedoras. Me encanta ver a los que saben manejar el lenguaje aunque no transmitan nada; sin embargo, distraen mucho.

Me dan mucho miedo y temor los ejemplos, porque se puede dar una conclusión pensando en el ejemplo y no en el tema en concreto. No hay ejemplo que valga, hay que tomar decisiones sobre el tema en concreto. Es lo más sano para equivocarse menos.

22. LA JUBILACIÓN DEL GERENTE

Mi trabajo no ha sido trabajo

Ha sido emoción, cultura, relaciones humanas, sueños, retos, esfuerzos, cumplimiento de objetivos mentales, desarrollo personal. ¡Una maravilla! No comprendo a los que, teniendo capacidad física y mental, no les gusta trabajar.

La jubilación

Siempre le he temido y ahora que la tengo me encuentro muy cómodo. Su etimología proviene de la palabra latina *jubilare*. Cuando los generales ganaban batallas, se les mandaba a su casa y se les entregaba una pensión para que descansaran y vivieran felices.

La jubilación es la ausencia de muchos problemas, el descanso, la libertad, la alegría y una magnífica idea.

Es muy importante organizarse en la vida para que, en el último tramo, la misma sea en lo posible lo más placentera. Tiene que ser triste irse de la misma lleno de problemas. Yo la otra vida tengo bastantes dudas de que exista, pero si no la hubiese seguro que no me entero.

He dejado atrás toda la carga

Lo mismo que pesan los kilos del sobrepeso, hay otro sobrepeso más, la carga de obligaciones. He dejado la carga de obligaciones y quiero dejar la de sobrepeso, pero hay otra carga en aumento impresionante y que no tiene arreglo: la carga de los años. Envidio a la señora Carmen Vergara (Sevilla), con su constancia en la gimnasia. Se mantiene como una flor de primavera y llena de ilusiones, cumplidos hace años los noventa.

En la playa

Estuve un mes en la playa el año pasado (julio de 2019) y otro mes este año (julio de 2020), pero no me he mojado en el mar y estuve en bañador un día, quizá veinte minutos. Trini es diferente.

Me gusta más aprender leyendo que broncearme y que se me meta la arena en los pies y en el cuerpo. Así es uno. No soy raro, son los demás los que son raros.

También soy virgen en gimnasia, más o menos. Una vez me preguntaron: «¿Por qué no haces deporte?». Contesté: «¡Porque no me lo pagan! Prefiero leer y escribir».

Mi vida con la jubilación, totalmente separada del trabajo, ha entrado en una nueva y bonita fase, en la que me estoy dedicando a lo que me gusta: leer y escribir.

Hay que aprender a perder el tiempo

Así es, pero primero tienes que dominar al tiempo, estructurarlo y dejar un espacio para perderlo. Eso sí, que sea un espacio modesto, no amplio. La felicidad no está en no hacer nada, sino en hacer lo que has planificado, hacerlo y dedicar un poco luego a tu vida. Esto ya de jubilado.

La despedida del trabajo activo

En la despedida del trabajo activo he recibido algunos piropos. Por ejemplo:

-El caballero de la fertirrigación, el que marca el paso en la Andalucía de los fertilizantes (Antonio Sarria júnior).

-El gran fitonutrólogo español (don Pedro Antonio Fernández Iglesias).

Así, que me acuerde, en general he recibido muchas frases bonitas en mi vida. Las frases bonitas no cuestan dinero y son estupendas. A todos nos gustan los halagos y a todos nos fastidian las patadas en la barriga. Demos lo primero y no hagamos lo segundo. Se recoge lo que se siembra, si es que hay cosecha.

Cuando llegas a la jubilación debes saber que es un adiós definitivo a una etapa y que se produce en las salidas una desconexión total. Otro tema diferente es que te encuentres con un excompañero y se pase un buen rato, pero, en definitiva, es como si nunca hubieses estado en la empresa. Esto lo sé perfectamente, lo he vivido en primera persona en otra ocasión, en personas amigas en muchos casos y en otras allegadas a las que he observado. Hay que ver, por supuesto, cómo se organiza uno la vida con nuevos parámetros. Añorar el pasado es correr tras el viento, dijo alguien alguna vez.

Cuántos años me quedan

De 0 a 1.
De 1 a 2.
De 2 a 3.
…
…
De 7 a 8.

No creo que más, teniendo ya 76. Cada uno algo sabe, posiblemente, de su existencia.

Dícese que nadie sabe lo que puede durar. Creo que no, pero en muchos casos sí. Yo he cumplido en julio de 2020 los 76 años, así que el tiempo que me queda es más bien cortito. Ojo, no estoy triste por eso ni quejoso, nada de nada. Estoy muy bien (de momento). Solo ocho pastillas diarias.

Los faraones, los empresarios chinos y otras personas (por ejemplo, Walt Disney), queriendo que su cuerpo permanezca bien completo después de muertos, pensando que algún día los puedan devolver a la vida, han tomado ciertas decisiones, como el hecho de que embalsamen su cuerpo. La vida es lo único importante. Pero el muerto muerto está.

El «edadismo»

Término acuñado por el psiquiatra neoyorquino Robert Butler, que definió así a la discriminación de la persona por la edad. Es mucho más fuerte que la discriminación de género, por cultura y por raza. El «edadismo» se alimenta de tópicos que estiman que el envejecimiento supone un deterioro general en capacidad física y en capacidad mental y que, como consecuencia, es mejor retirar al mayor de la vida activa.

Explica Lara Rosillo, experta en recursos humanos que se dedica a sensibilizar a la empresa sobre el talento sénior, que de los tres millones de parados más de la mitad tiene más de 45 años y a estos difícilmente les dan trabajo. Hay un tópico de que los mayores tardan en aprender mucho. Esto entiendo que es una chorrada.

Ocurre que grandes empresas como Caixabank, DIA, Vodafone o Naturgy disminuyen plantilla debido a que prevén claramente que el impacto de la informática, cada vez más avanzada, requiere menos personal y van, de alguna forma, adelantándose al futuro o, mejor dicho, actualizándose a los tiempos.

Cuando los ERE son para personas mayores es porque, en general, cuando hay que disminuir gastos se va siempre directamente a disminuir nómina. Esto es lógico porque supone en la mayor parte de las empresas un porcentaje importante sobre los gastos variables y otros gastos o bien son irrelevantes, o bien imprescindibles. Al hacer un ERE se hace en personas mayores porque son las más caras al ir acumulando mejoras con el tiempo. Por otra parte, son los que más baratos salen a las empresas a igualdad de sueldo y, además, esto permite que entre gente joven con sueldos bajos. Esto es así.

Desde siglos atrás siempre ha habido una exaltación de la juventud, a la que se asocia con energía, entusiasmo, talento. Esto no es así. La misma energía la tienen personas mayores, además con el factor superimportante de la experiencia, que es fundamental en la dirección de empresas. Pero es verdad, por otro lado, que los mayores, tras una vida agitada, lo que queremos es desconectar y descansar casi en la generalidad, en la que me incluyo.

¡Cuánto mejor iría España si en vez de políticos hubiese directivos cualificados con experiencia en sociedades!

Vejez y economía

Es necesario planificar la vejez. Esto me lo decía mi padre y cuando yo era niño muchas veces me lo repitió: «Debes pensar cómo vivirás cuando seas mayor, tener un plan y arbitrar recursos». Es necesario prever la vejez económica para que los últimos años de tu vida no seas una carga para tus hijos. Se trabaja pensando en la vejez. Irte de este mundo pasando calamidades tiene que ser muy triste. Tampoco es necesario mucho dinero, solamente el justo para vivir de forma prudente. Cuando vas para mayor cada vez se necesita menos.

En la jubilación, para vivir con dignidad después de trabajar toda la vida, conviene tener algunos ahorros o bien propiedades para vender para tener el tramo final sin necesidades perentorias ante contingencias.

Todos los Gobiernos se preocupan de ello, por lo general, de forma insuficiente y un jubilado pobre, con una paga pequeña y con cargas, es una situación lamentable. Por ello, es recomendable tener un plan de pensiones complementario, alguna fuente de ingresos o la venta de activos buscando el complemento. Todo dentro de un contexto de honradez y ética. Conviene ir elaborando el plan de la vejez desde que se inicia el trabajo a edad temprana.

Jubilado en proceso de cambio

El cambio de persona activa a persona jubilada es un proceso muy complicado para los que han tenido una fuerte actividad, porque hay muchos jubilados mentales de nacimiento.

Hay quien fracasa como jubilado, que ya es decir. Hay que tener la mente clara y estructurada, evidentemente, para que no ocurra esa atrocidad.

En mi caso no ha habido ningún problema, estaba perfectamente mentalizado: es entrar en unas largas vacaciones que siempre he deseado.

Ser gerente implica cierto abandono de la familia

Yo cuento mi experiencia. Esto de que es compatible y es tema de organizarse es pura teoría. Las prisas en el trabajo, la acumulación de temas, hacen que la mente la tengas en el trabajo en muy alto porcentaje, que obviamente se le resta, se quiera o no, a la familia. Si la mujer es el gerente, pues tendrá igualmente ese problema. No es cosa de sexo, es cosa de porcentaje de masa cerebral dedicada al trabajo.

Aquí lo importante es que la mujer comprenda estos temas (o el marido, si es a la inversa) para que no termine el matrimonio como el rosario de la aurora por no dedicar a la familia el tiempo debido. Que se pueda compatibilizar no lo creo. No se puede compatibilizar lo incompatible.

En fin, es un acto de comprensión por el cónyuge no gerente, así como de paciencia y humildad, para procurar que no se rompa el matrimonio. No es el gerente un puesto como otro cualquiera, no, a no ser que lo tenga una persona no responsable.

Conozco a diversos gerentes. Obviamente, en su mayoría están hechos polvo, otros han acabado mal de los nervios, otros han dimitido y hay algunos que continúan, no sé durante cuánto tiempo, esperando y mirando el reloj para intentar estar hasta la jubilación.

Para ser gerente es muy importante que la familia lo tenga asumido. Mi mujer se queja, por ejemplo, de que a los niños no los haya visto crecer. Los vi cuando nacieron y de pronto, cuando me di cuenta, ya eran hombres. ¡Qué rápido pasa el tiempo!

El gerente no es dueño ni empleado

Se me puede decir que sí es un empleado porque recibe un sueldo, pero no me refiero a ello, sino mentalmente. El gerente está entre dos fuegos: entre sus jefes, que raramente van a estar contentos, y los empleados, que siempre pueden estar a disgusto, sobre todo algunos que suelen ser descontentos innatos. También creo que el dueño no es dueño hasta que venda el negocio. Si lo cierra, no le quedará nada. Y, por supuesto, sí tengo clarísimo que el empresario es una persona para cuidar por parte de todos. Son los motores del funcionamiento social.

Seguridad en las decisiones

Si ves que un tema está hecho correctamente y alguien te dice que no le gusta, es que el otro está equivocado. Debes disculparlo. Ya aprenderá.

Si tienes muy claro que lo has hecho bien, aunque te censuren (que suelen ser siempre los mismos), no les hagas ni puñetero caso; sin duda, no están bien de la azotea. Y tú en ello no puedes hacer nada.

Trabajos postreros

Una vez jubilado, solo te queda esperar a morirte, pero tienes aún una última etapa por medio que hay que aprovechar y planificar; sinceramente, es un alivio no tener que pensar en temas, compensado con la pena de que entras ya en una fase avanzada de tu vida. Te quedan solo los trabajos postreros, que también te pueden complicar la vida.

Sinceramente, mi época de retos ha acabado, la doy por concluida. He tenido demasiados y ya tengo poco tiempo, que he de utilizar en mí y, por supuesto, en mi familia, cosa que no he hecho antes. Esto no quita que si hubiese un trabajo concreto y muy limitado en tiempo, además de bien pagado, pues no es malo.

Pero vamos, tampoco es necesario. A estas alturas las necesidades de todo tipo disminuyen drásticamente.

Quiero viajar económicamente en busca del aroma de lo auténtico, buscando la autenticidad en un mundo complejo. Viajes a pueblos pequeños. Ahora, con la COVID-19, todo se ha ido al traste y no sabemos si esto se arreglará o se complicará más.

No me gusta el turismo de masas e ir a donde van todos. Me gusta la ataujía, es decir, la labor fina pero mental (no la taracea), pero ya también he clausurado dicho capítulo. Me gusta visitar sitios desconocidos a mi aire para explorar y dirigir mis pensamientos a donde quiero, no donde quiera el guía. A no ser que me apunte con guías que tengan en su programa lo que yo deseo.

Soy un sobreviviente

Ya muchos de los que conozco han fallecido y yo he tenido riesgo de muerte en varias ocasiones por unas causas u otras (enfermedades y accidentes), pero he tenido la suerte de poder seguir viviendo, afortunadamente.

Hoy ya no pretendo nada, ni enseñar nada de nada ni presumir ni nada. Ya todo ello pasó. En mis muchos años (casi 54) de vida activa he visto a muchas personas caer. A casi todas se las ha tragado el olvido, no sé dónde están, si vivas o muertas. Muchos empezaron, pero se fueron o los echaron, qué más da. Ha habido pocos sobrevivientes, yo entre ellos. Lo digo no porque tenga valor o no lo tenga, sino porque es así. He tenido hasta ahora suerte y siempre con Trini a mi lado. He visto muchas estrellas fugaces y muchos satélites, he visto mucha agua pasar bajo los puentes y he pasado por muchos meses de sequía. Y aquí estoy, exponiendo experiencias simplemente porque son las mías, por si de algo sirven. Y si no sirven qué le vamos a hacer. La vida es así.

Creo ahora (siempre lo he creído y ahora más que nunca) que hemos de manifestarnos auténticos con nosotros mismos. Cada uno es cada uno, yo no soy otro.

Solo quiero vivir correctamente lo que me quede. Soy uno de los supervivientes, con muchas millas a mis espaldas y ahora, con los años, de conducción torpe. Todavía respiro por el momento, afortunadamente.

El estrés

El 71 por ciento de los españoles sufren estrés. La media mundial es el 84 por ciento, causado generalmente por el entorno laboral o bien por problemas familiares, financieros o de salud. En fin, hemos de buscar el bienestar mental y evitar caer en el estrés por sobrepresión, el cual es negativo para la salud.

Tener la tensión muy alta te pasa factura, lo sé bien por experiencia propia. Lo malo es que el estrés sea demasiado alto porque se sumen varios factores de los enumerados. Entonces el riesgo físico aumenta.

El gerente tiende a enfermar

Así lo creo. Los problemas de alta tensión, los derivados de muchas horas de trabajo y de vida sedentaria, hacen que se pierda agilidad de manera más que importante, se engorde y se encuentre uno mal (o fatal) físicamente. A lo mejor otros organismos humanos tienen otras connotaciones, pero en mi salud se han producido estragos. Ahora, con la jubilación, esto es otro mundo en el que me voy recuperando físicamente.

Creo que es imposible separar el trabajo de la familia y del ocio. Yo al menos no he tenido capacidad para ello. Los problemas de trabajo los he arrastrado a noches de insomnio y después, al levantarme temprano para volver a estar mejor que bien, como se dice ahora, me marchaba a trabajar hecho pedazos. La jubilación me está viniendo muy bien en el plan personal, estoy contento con ella. El insomnio produce grelina, que es la hormona del apetito. Los que no duermen bien engordan.

Separar el trabajo y la familia

Todo el mundo me lo ha recomendado, pero yo no he sido capaz de hacerlo. Cuando he llegado a casa lo he hecho con las alegrías o penas del trabajo y si he tenido muchas cosas pendientes de trabajo, pues no he podido dedicarme a la familia. Me he metido en una habitación de despacho y me he puesto a ver los problemas de trabajo. Menos mal que Trini lo ha entendido muchas veces, no siempre, aunque sí siempre cuando se puso a trabajar en la misma empresa que yo.

Dejando de hacer cosas en casa me he vuelto absolutamente inútil en ello, pero ahora, ya jubilado, estoy recuperando el terreno que no pude tener.

Hay que comer lo que se deba, no lo que guste, sencillamente para cuidar la salud. Es preferible darle gusto a la vida que al cuerpo. La vida son más años; darle gusto al cuerpo, seguramente, es la muerte pronta. Yo esto lo he pensado siempre, pero no lo he hecho nunca. Ahora estoy empezando más o menos.

El sobrepeso

En mis años jóvenes, cuando estudiaba, una de las asignaturas era Ganadería y el profesor, señor Villalobos, era un buen experto en la materia. En cuanto a la alimentación del ganado se nos enseñaba que, por ejemplo, una vaca o un mulo necesitan una ración de volumen. Por ejemplo, un mulo (insisto en que lo apunto a título de ejemplo, no como cantidad exacta, pues no me acuerdo y no es momento ahora de empezar a buscar datos) vamos a suponer que necesita cincuenta litros al día. Entonces hay que darle los cincuenta litros de comida para que no tenga sensación de hambre ni esté inquieto y problemático. Supongamos que necesita 4.000 calorías. Pues se trata de que en esa ración de los cincuenta litros vayan las 4.000 calorías, no más, digamos que por motivos económicos. Esto se consigue con grano en la dosis adecuada y que todo lo demás sea paja de cereales.

Durante la reclusión por la COVID-19 engordé cinco o seis kilos. No podía ponerme los pantalones y cuando terminó el confinamiento tenía como únicas prendas los pijamas. Bueno, como ración de pocas calorías tomo fruta. Eliminé la cena y tomo, en su lugar, mucha fruta, toda la fruta a barra libre hasta que quite la sensación de hambre. En cuarenta días he perdido los seis kilos. Pensaba seguir haciéndolo en Barbate, pero he sucumbido a la cerveza fresquita y a unas buenas sardinas asadas, por ejemplo.

Pero, en fin, el no cenar y tomar mucha fruta, por kilos, hasta no tener hambre ayuda a adelgazar, porque la fruta no tiene calorías. No soy nutricionista, pero sí he tenido esta experiencia.

Un gramo de azúcar tiene cuatro calorías, lo mismo que un gramo de proteínas. La fruta es lo más recomendable. Un kilo de melocotón tiene cuarenta calorías, un kilo de carne o similar tiene 2.500 calorías, un kilo de tocino tiene 5.500 calorías. Nuestra ración de volumen para quitar hambre es la fruta. Podemos hacer una tabla con las calorías de cada fruta que nos guste para saber cuál sí y cuál no debemos tomar. En Google tenemos todo ello. El aguacate, por ejemplo, no tiene hidratos de carbono, sino que está integrado por grasas de las buenas, de las no saturadas, pero tiene 1.500 calorías.

En fin, se trata de comer y beber lo apropiado y no ingerir más calorías de las necesarias. A mí me ha ocurrido que he llevado muchos años el barco de mi vida fuera de este rumbo. Preocupado en otros menesteres y angustiado, he comido muchas más calorías como remedio ante la tensión y la angustia, pero siempre es bueno aprender para rectificar. Estoy mejorando en la jubilación en relación con mi estado de salud de antes.

La residencia en la jubilación

—¿Cómo es, José Luis, que no vives en el centro de Sevilla, en un apartamento cómodo y junto a mil actividades? ¿Por qué has elegido vivir en Antequera tras concluir tu etapa laboral?

—Amigo, Antequera es mi tierra. Aquí nacieron mis ancestros, aquí vivieron ellos, aquí viví yo en mi niñez y adolescencia, fueron mis primeros paisajes… De aquí es Trini, igual que yo.

Aquí me siento en casa y fuera de Antequera no me siento en casa tan profundamente como en Antequera, aunque me gusta y me adapto a vivir en cualquier sitio, si es en Andalucía mucho mejor. Pero sobre todo me gusta Antequera y nos gusta también ir bastante por Barbate.

Esta pregunta me la han hecho varias personas: «¿Por qué, José Luis, te has ido a Antequera? ¿Por qué no Granada? ¿Por qué no Málaga? ¿Por qué no Sevilla, donde has estado tantos años? Tú conoces muchísimos sitios».

Sí, conozco muchos sitios, gran parte del mundo, pero como Antequera no hay nada. Es mi tierra. Los antequeranos para mí son como si fuesen familia. Me siento muy a gusto en la tierra que me vio nacer.

Mis hijos

Viven su vida, como todos, pero cuando me muera vendrán al entierro, cuidarán de que me entierren, lo mismo que a Trini, y después seguirá el mundo exactamente igual que estaba cuando yo estaba vivo. Es curioso que el mundo funcione sin mí, cuando muchas veces me he visto como el eje del mundo cuando era joven. Con el tiempo te vas viendo menos y menos hasta que desapareces. Hemos tenido la suerte de tener una hija y dos hijos estupendos, así como lo son sus medias naranjas. Hemos tenido la suerte de tener cinco nietas y dos nietos, todo bien. Toquemos madera y ojalá que no ocurran desgracias.

La muerte

Me dice mi media naranja que pienso mucho en ella y que me obsesiona. No es así ni mucho menos. No me aterra nada, salvo que no me gustaría dar la lata a nadie. Pienso que eso lo deseamos todos y, en mi caso, que me lleven a un centro si la cabeza falla es mi deseo.

Si me muero daré un mal rato a Trini, a mis hijos y cónyuges y a los nietos. Me llevarán al tanatorio, me meterán en un caja de poliéster y, seguramente, antes del día siguiente por la noche estaré incinerado. Y ya está. Solo se acordarán de mí Trini, mis hijos, mis hermanos y toda mi familia básicamente. Sé que ahora estoy, pero mañana no lo sé. La vida es así, sencillamente. No podemos hacer nada.

La vida es una preparación para la muerte. Cuando te jubilas sabes bien que estás en la antesala de la muerte y las cosas se ven de forma muy distinta a cuando se tienen menos años. Es un buen momento para que las empresas y la sociedad en general recojan experiencias magníficas de los mayores, pero el mundo no funciona así, al menos en esos tiempos.

El miedo a la muerte no lo tengo, pero sí me gusta estar vivo.

La jubilación y la carga

Llegué a los 75 extenuado por el trabajo y los años, o por los años y el trabajo. Me quité el trabajo y fue como si me quitaran una losa. Me quité una losa y empecé a vivir.

Tenía que quitarme los lastres mentales, que se tarda cierto tiempo, y no querer más retos.

No quiero cargas, aunque tampoco pretendo tener la sesera vacía ni taladrar ninguna mente, ni siquiera intentarlo. La felicidad, para mí, es una monotonía simpática en estos tiempos.

Sacerdote amigo

Es bueno tener un amigo sacerdote, lo necesitaré. Es bueno estar bien con Dios.

Las almas las salvan los curas, no los físicos. Necesito un amigo cura, ahora, para que me recomiende en el cielo.

Si Dios no existe, todo es permisible. Y yo pienso que no todo es permisible ni mucho menos.

He tenido siete robos de coche

Una de las veces no apareció. Perdí el coche, pero no su deuda. Tuve que pagar dos coches: el robado y el que lo sustituía, y solo con un sueldo. Hay que aprender a ser precavido y quizá, por consiguiente, un poco desconfiado. No dejes nada abandonado o sin vigilar.

No es bueno decir que uno es desconfiado. La desconfianza, en definitiva, debe considerarse como una medida de seguridad.

Carmen Vergara (Sevilla)

Es viuda, tiene 93 años y una mente positiva y práctica. Además, todos los días dedica varias horas a la gimnasia. Carmen me dice: «José Luis, la pareja es más importante que los hijos, porque los hijos crecen y se van, pero la pareja es para siempre. Evidentemente, siempre que se lleve bien y se entienda».

Con mis hijos hay un vínculo que jamás se perderá en mi vida, aunque para mantener dicho vínculo no sea necesario estar todos los días juntos ni mucho menos. Cada uno en su casa. No quiero vivir jamás en casa de ningún hijo ni tampoco en la puerta de al lado. Cada persona necesita su espacio. No entiendo lo de vivir en la misma vivienda; en este sentido, me encanta la independencia.

Muchos rostros

No he podido retener tantos rostros en mi mente y en algunos casos me quedan los nombres. Hay también rostros que me quedan sin nombres y caras y nombres que se pierden con las vueltas del mundo. Poco a poco se pierde todo, poco a poco. Y algo se gana que después se pierde. El mundo, maravilloso, sigue dando vueltas y vueltas. Vivimos en el planeta más bonito del universo.

La huella

Creo que es bueno dejar huella del paso de una persona por una empresa, pero claro, las huellas con el tiempo se borran. Sin embargo, son las buenas huellas interesantes mientras perduran en la mente perecedera de los habitantes que te han conocido. Uno, en cierto modo, vive después en la mente de otros.

23. EL EMPRESARIO

Características

Empresario no puede ser cualquiera porque, en general, las personas queremos cierta comodidad y no vivir con sobresaltos. Arriesgarse, afrontar responsabilidades altas con su propio capital, no es habitual. El empresario tiene una madera especial, una preparación muy fuerte. Si quiere no caer tiene que actuar con mucho temple, con sangre fría, tomar decisiones de acuerdo con los intereses de la empresa. En fin, no es nada fácil; por eso hay tan pocos empresarios. Hemos de protegerlos y ayudarles.

Hay un puesto peor que el de gerente

Sin duda, es el empresario. No me refiero a la gran empresa sociedad anónima, que es otro mundo. Me refiero al empresario privado, en el que recae toda la responsabilidad de la empresa, toda la incertidumbre, los mil problemas que tiene, muchos de ellos creados por la propia Administración del Estado con sus normas y más normas, algunas casi imposibles de cumplir. Por otro lado están las inspecciones de las ECA (Empresas Colaboradoras de la Administración), contratadas por la misma, y las recomendaciones a seguir, muchas de las cuales no están dentro de las normas escritas; los expedientes, causantes de multas y trastornos; y sobre todo la incertidumbre de que las cosas no las estás haciendo bien cuando estás a tope por cumplirlas.

El empresario tiene que afrontar problemas tales como clientes que no pagan u otros que se presentan, pero que son absolutamente imprevistos. Por ejemplo, en la actualidad, la COVID-19 y otros muchos.

Es un puesto para dormir mucho menos que el gerente porque tiene aún más problemas. Por ello admiro a los empresarios. ¡Qué mérito tienen! Y cuánto se les ataca absurdamente, sin duda porque no se sabe lo que hacen o porque ven mucho la televisión. O meramente los que critican no tienen ni idea, salvo la de su imaginación.

El empresario, un ser azotado

Normalmente, en la empresa pequeña (y en la mediana también) lo que se gana se queda en la empresa con el ánimo de crecer. Los ingresos de los dueños no son como los de uno más, pero por lo general tampoco son tremendos ni mucho menos.

El empresario da la sensación de que hay que hacer que gane menos y esas tonterías. Mientras más gane el empresario, mejor para todos: para la economía del país, para el empresario y su familia y para los empleados. Todo funciona si hay dinero. Si no lo hay, entonces es un problema, pues no lo hay para ninguno.

Estamos hablando del empresario serio, no de delincuentes metidos a empresarios. Lo mismo que hay empleados delincuentes. El empresario es un gran almacén de preocupaciones. Cuando faltan los buenos empresarios se les quiere más.

Los capitales más grandes de España

Leo el listado de integrantes, según el diario *El Mundo*, así como el número en el *ranking* y la ratio de horquilla, y realmente quedo bastante desilusionado. Veo que en España hay muy pocos ricos, lo cual es lamentable. No somos nada en relación con los ricos americanos, por ejemplo. Se cuentan con los dedos de la mano los que tenemos de importancia internacional.

Sí llama la atención que figuren la Fundación Duquesa de Alba, el señor Nicolás Osuna (Granada) o los señores Mora Figueroa (Las Lomas); pero, en fin, hay muy pocos ricos. Creo que el número, cien, se evalúa del orden de 150 millones de capital.

Defender al empresario

Hemos de aprender en España a ello, a apoyar y defender al empresario, simplemente porque es bueno para todos. Habrá (ciertamente que los hay) empresarios malos; pero, en general, la figura del empresario es excelsa. Los empresarios tienen muchísimo más mérito que los trabajadores por cuenta ajena, desde luego, y son los que crean riqueza.

Hagamos todos trabajando las empresas más grandes. La empresa pequeña sirve para subsistir y vivir, en todo caso, mientras sople el viento. Cuando la empresa crece, crea, desarrolla, avanza al futuro (que no se trata de bien vivir; hay que vivir correctamente, pero hay que desarrollar, crear y avanzar), no se puede decir que hemos creado un monstruo. Es mejor decir: «Hemos creado una empresa moderna, en crecimiento».

Evidentemente, si la empresa que crece no tiene pies ni cabeza pues sí, efectivamente, es un monstruo sin sentido. No es el caso, porque en general las empresas que crecen son las más organizadas.

El empresario es un puesto de trabajo muy difícil, más que el del gerente, por supuesto. Por ello hay tan pocos, ya que tienen un alto riesgo económico, que el gerente no tiene, y otros muy variados.

Sería preceptivo que los políticos estuviesen tres años en una empresa y vieran qué es una empresa en la realidad, su funcionamiento y su problemática diaria. Los políticos teóricos y demagógicos cambiarían de pensamiento.

24. REFLEXIONES CASI FINALES

Espacio infinito

Ya han pasado más de cincuenta años de la llegada del hombre a la Luna y me acuerdo de que estuve toda la noche delante del televisor en blanco y negro, fascinado y expectante, y cómo soñé sorprendido, impresionando y hasta desconcertado.

Y la pregunta que me hago hoy es: con una nave grande, moderna, impresionante, navegando por el espacio a velocidad tremenda horas, horas y más horas, suponiendo que pudiésemos cumplir muchos años, ¿estaríamos navegando siempre o hay alguna meta donde se acabe el espacio? ¿Y qué espacio hay detrás del espacio? ¿Dónde está el terminal del mundo?

No somos nada en el mundo infinito. ¿Todo es mundo? El mundo no empieza ni acaba. ¿Es posible el sinfín, espacial? No termina el mundo nunca, es posible que el espacio sea infinito, pero todo tiene principio y fin. ¿Cómo es posible que el espacio no sea limitado, aunque más que grande? No somos nada en el espacio infinito; sin embargo, sí lo somos en este planeta. Una pura contradicción en sí misma. Vivimos en la contradicción.

También fue el aniversario de la vuelta al mundo de Juan Sebastián Elcano.

Hay muchas estrellas en el cielo; si pudiésemos llegar a la más lejana y desde allí hacer escala para ir a otra situada más lejos que se vea desde allí, y así sucesivamente, mi pregunta es: ¿llegaríamos a un sitio donde el espacio se acabe? ¿Es imposible, pues habrá espacio detrás del espacio? ¿Dónde está el fin? ¿O es que no lo hay? Un gran misterio.

¿Y después del espacio no hay espacio? Tendrá que tener un fin el espacio. Si sigue otro espacio al espacio, entonces no hay fin del espacio. ¿Dónde está el fin? Es el mundo infinito. ¿Por qué hay mundo? ¿Cómo es posible el mundo?

Sin duda, el universo es infinito, es decir, no tiene fin. ¿Es posible que no tenga fin? ¿Qué hay detrás del fin? ¿O todo es espacio y la mente se pierde en el mismo?

He leído que la materia orgánica puede haber sido producida partiendo de la mineral y así, por ejemplo, se han fabricado aminoácidos y al final se llegó al electrón, al cosmos, al universo infinito. En fin, me pierdo en el infinito.

Reseñar que estamos en una época de fuertes cambios suena un tanto a tópico. Es lo que siempre he oído desde niño y no tan niño. Por ejemplo, en 1960, cuando en el campo la tracción era toda animal y se inició el cambio de paradigma a tractores, que eran por muchos criticados y no los daban por buenos para el futuro. A cada acción hay una reacción igual y de sentido contrario. Esto dice una norma de la física elemental.

Creo que quedan por delante siglos de cambios, que el cambio no se acaba nunca. Estos cambios vienen. Son, en definitiva, la concreción de una serie de tendencias que van ganando terreno y después llegan otras y otras en una serie interminable.

Alguien me dijo que el éxito de las hamburguesas, en alguna medida, se debe a que te dan el producto, la carne, finamente molido. Te la dan «masticada» y, en consecuencia, hay que trabajar menos para comer. Pienso que esto lleva cada vez más, por la misma sinergia, a los productos licuados, envasados de frutas y de otros vegetales, tomando más incremento los «naturales». Habría que ver bien la composición del natural.

Y está clara la supresión del esfuerzo físico con las máquinas cada vez más sofisticadas que hay. En fin, conozco a algunos agricultores que van al campo y no se manchan los zapatos. Quizá nos encontremos un día con un campo hormigonado y en el que el trabajo sea más cómodo, evitando también las malas hierbas, hablando de cultivos arbóreos. ¡Quién sabe! El futuro es incierto.

Ahora cada vez queremos productos «customizados». Es decir, que sobre un producto base haya cierta personalización. En un mundo cada vez más comunicado, donde cada día estamos más aislados, vamos a la personalización. Curiosa tendencia.

Antes la idea era fabricar muy poca diversidad en mucha cantidad para tener el menor costo y la máxima rentabilidad, que es un objetivo sano y lógico. Hoy la tendencia ha cambiado. Ahora se pretende mucha cantidad y además personalizada.

Ocurre que con la robotización y la nueva revolución industrial estamos sometidos a la sociedad 5.0, cuya evolución es:

Sociedad cazadora	1.0
Sociedad agraria	2.0
Sociedad industrial	3.0
Sociedad de la información	4.0
Sociedad de la conexión	5.0

Hoy día, empresas que tenían tres o cuatro monoproductos ofrecen una gama amplísima de productos «customizados», es decir, probablemente con pocas variantes, pero buscando el arraigo de marca, captar la atención de grupos de clientes determinados. Esto antes era complicado, pero hoy día la automatización, las máquinas conectadas y el aumento de la tecnología industrial permiten hacer personalizaciones sin tener, en lo posible, un aumento del costo y buscando un valor añadido en el precio de venta.

Así, cada empresa pretende, en definitiva, ser un templo para el pensamiento, un modelo para la captación de clientes, acercándose cada vez más a los mismos, tema que permiten los avances informáticos.

Incluso aparecen nuevas formas de vida como el *coliving*, es decir, viviendas sumamente pequeñas, pero con unos servicios comunes para todo el bloque que permitan tener vida social en una sociedad en la que con el aumento de las relaciones vía ordenador se pierden las relaciones personales.

En este mundo cambiante de forma acelerada, el «líder» de la empresa el gerente. Tiene que afrontar una serie de retos porque, en definitiva, el triunfo está adelantándose al futuro, el porvenir es de quien sabe anticiparse. Pero claro, todo ello dentro de un contexto, no metiéndose en berenjenales de donde no se pueda salir y siendo muy consciente de la capacidad y las limitaciones de cada empresa.

Hay que estar atentos a los cambios, observar el mercado, procurar tener un equipo altamente cualificado. De alguna forma, no puede delegar y olvidarse del tema, sino que hay que delegar y ver la progresión de lo delegado en muchísimos ámbitos de la empresa. De esta forma, el gerente es un puesto crucial en las empresas y hoy día este puesto es muy diferente al de hace veinte o treinta años, por ejemplo. Las circunstancias han cambiado profundamente en las empresas.

El gerente no es un músico, sino un director de orquesta. Si el símil es un equipo de fútbol, pues es el gerente es el entrenador. Tiene que conocer todas las facetas de la empresa, coordinándose con los supervisores y actuando en aquellas áreas que se vea que han quedado retrasadas.

Es una labor compleja porque, por otra parte, su labor principal es demoledora: que la empresa tenga una rentabilidad, que no caiga en pérdidas. Además, tiene que sufrir los envites y las sorpresas desagradables que desde todos los ángulos recibirá día a día.

El gerente debe estar preparado en las diferentes áreas de la empresa. No a nivel de operador, pero sí de tener las ideas claras. La principal función del gerente es que sobreviva la empresa en un mundo caótico y variable.

En definitiva, el gerente debe saber (y saber es, simplemente, acordarse, según dijo en su momento Aristóteles).

«La vida es una larga lección de humildad. Mientras más grande es la humildad, más grande es la grandeza» (Rabindranath Tagore).

Todas estas circunstancias hacen del gerente un ser sacrificado, siempre alerta y pendiente, con muchas responsabilidades a sus espaldas, sujeto a la crítica por todas partes con sus decisiones, que ha de soportar estoicamente porque, en definitiva, son formas de pensar de otros que hemos de respetar.

Es un trabajo duro y no deseable. Pero trabajos fáciles y deseables, pues bueno, los habrá, pero es una lotería. Lo ideal sería tener el suficiente dinero para poder vivir con decoro. Si quieres sufrir a fondo, no lo dudes: hazte gerente. Tiene sus satisfacciones, evidentemente, pero cuando te jubilas ves lo mucho que has pasado.

Una vez fue a pedir trabajo un técnico conocido y lo atendí yo:

—Lo que busco, José Luis —me dijo—, es un trabajo que solo sea de mañana. Por la tarde me gusta quedarme en casa. No me gusta la venta, es muy complicada. Y mi trabajo quiero que sea un poco independiente y no andar con el agua al cuello.

—Amigo mío —le contesté—, cuando lo encuentres mira si hubiese en vez de un puesto dos. El otro sería para mí.

Después, cuando te jubilas, muchos que iban a venir a verte no lo hacen. No te ve nadie, salvo alguna excepción. Cuando «mueres» profesionalmente, pues lógicamente se olvidan de uno. Esto a mí no me es traumático, lo tengo claramente asumido desde hace muchos años. Yo tampoco he ido a las casas de los que se han jubilado, salvo algunas excepciones.

No me arrepiento, en fin. La vida es como es, como dice mi nieta María. Hoy, jubilado, me reencuentro conmigo mismo y una de las cosas que más me satisfacen es tener una casa vamos a llamar grande. No hablo de lujos, hablo de espacio. El espacio es vital para no estar como seres estabulados. Es necesario disponer de espacio, por lo menos para mí, y agraciadamente lo tengo.

Mientras, el planeta Tierra sigue dando vueltas y vueltas sobre sí mismo y alrededor del Sol. Curioso e inmenso mundo. Algún día, seguramente, aprenderemos a convivir a nivel global, no me cabe la menor duda. Seguirá dando vueltas, estando nosotros vivos o no estando.

Hace unos quince años estuve en Rusia, en una fábrica de fertilizantes. El número de personas que tenía era de alrededor de novecientas, si mal no recuerdo. Una fábrica similar en Europa no tiene más de 250. En fin, la deducción es clara: no se pueden tener puestos artificiales para dar trabajo. Sencillamente, los costos no lo permiten. El mundo económico ha de ser libre y, eso sí, con la vigilancia del Estado.

En el mundo laboral vamos (y muy lógicamente) a que la mujer trabaje en empresas de forma más que habitual con la tecnología de los hogares, las comidas de la V y VI gama y la necesidad de querer vivir con más ingresos. Esto es muy lógico y va rápido a nivel internacional. Somos 6.000 millones de seres, los cuales en alta medida se van a incorporar a trabajos por cuenta ajena, evidentemente.

Debo de estar equivocado

A los veinte años se me decía que estaba equivocado; hoy, a los 76, en lo sustancial pienso lo mismo. Es decir, toda mi vida he estado equivocado. Probablemente no sea así y los equivocados eran los que pensaban que estoy equivocado. Lo atestiguan los hechos de los años.

Habilidades y gustos

Jamás en mi vida he sabido bailar ni me ha gustado bañarme, ni en el mar ni en la piscina. Esta situación a veces me ha causado problemas por lo pesados que se ponen algunos. Por favor, se deben respetar los gustos. Evidentemente, a estas personas no les hago ni caso en ello, y de camino en otras cosas. Así es la vida. Parece que es obligado hacer lo que hacen los demás. Yo quiero mi vida, no la de otros.

Nunca he estado de vacaciones

He estado de descanso, pero siempre conectado al trabajo. Entiendo que es lo lógico, aunque me dicen que es una barbaridad. Para mí una barbaridad es la desconexión.

Sí es verdad que en vacaciones se baja la intensidad, pero sin llegar a la desconexión. Un hombre desconectado es, en cierto modo, un hombre muerto profesionalmente.

La felicidad parece que es patrimonio inmerecido del mundo de los dioses. Yo no lo soy.

El jubilado está desconectado con muchos, pero más conectado a sí mismo.

Un perro me mordió

Ocurrió cuando tenía doce o trece años e iba en la moto Montesa Brio 81. El perro salió corriendo, no estaba identificado. Me pusieron la vacuna de la rabia, muchas inyecciones en la barriga, era muy doloroso. Desde entonces tengo mucho cuidado con los perros y, por supuesto, no me gustan. Y ellos lo saben. Tampoco me repelen, pero no terminan de caerme bien. Si entra un perro en mi casa, yo me voy a la calle. Cada uno es cada uno. Quizá lo bueno de este mundo es la diversidad de aficiones, gustos y tendencias.

25. ALGUNAS FRASES

(la mayoría son mías, se nota fácilmente)

-Platón escribió: «Los contadores de buenas historias dominan al mundo». Todo es contar buenas historias.

-Si sale con barbas San Antón y si no, pues la Purísima Concepción.

-Cada caballo piensa que su carga es la más grande.

-Iba vestido como castrador de colmenas.

-Cuando quitas la cabeza a una serpiente, la misma muere.

-Los astronautas dicen que desde el cielo no han visto fronteras.

-Yuri Gagarin dijo, en 1961, que en su viaje no vio a Dios.

-Filantropía estratégica. Es una frase que da que pensar; en definitiva, es sacar de la filantropía rentabilidad de cara al mercado. Es lógico en una economía de mercado y a nadie daña. Las obras sociales se han convertido en una estrategia empresarial. ¡Bienvenida la misma!

-Dejo la retórica de nubes y evanescencias.

-Acudo a los clásicos, que siempre arrojan luz cenital.

-Tiene aires de bibliotecario en turno de noche.

-España debe estar orgullosa de en su momento ser romanizada.

-Daría todo lo que sé por la mitad de lo que ignoro.

-En las empresas la desconfianza no existe, fue sustituida por «seguridad».

-La historia no se ha terminado. Se empezará pronto.

-La palabra gerente también la están democratizando: gerente de ventas, gerente de zona, gerente de fábrica, gerente de comunicaciones, etc. No sé en qué acabará.

-¿Se está iniciando por los virus otra era del distanciamiento social que dé un vuelco a las relaciones, hunda negocios y haga aparecer nuevas alternativas?

-Ya dejará de lucharse entre países, dejará la ecología de ser una etapa en desarrollo al estar superada la misma y el cambio climático pronto será superado con el cierre de tanta industria. Ahora nuestra próxima etapa es la etapa de los virus.

-Algo está pasando en el mundo. Estamos en un punto de inflexión y no somos conscientes de que se ha iniciado un nuevo mundo. ¿Muy diferente?

-La felicidad moderna es tener las neuronas aparcadas, sin moverse ninguna.

-Borra la palabra «desconfiar» de los demás. Simplemente, cámbiala por «seguridad».

-La amabilidad y la compasión se han politizado.

-Dios se paró en Antequera.

-En un planeta limitado no es posible el crecimiento sin límites.

-El gerente es, en cierto modo, un «creador».

-Los personajes secundarios no existen.

-Ver los cambios como puente al futuro, no como un muro de obstrucción.

-Las plantas no comen, beben (frase mía).

-La venta es un acto sexual sin sexo (esta también es una frase mía).

-¡El mundo es nuestro! (copiada hace 35 años a don Ramón Cucurull).

-Los éxitos son fracasos fallidos.

-Adelántate al futuro.

En definitiva, es bueno que el gerente tenga muchas frases que sepa usar en cada momento. Por ejemplo, cien frases. Y cuando hable, recurrir a su biblioteca de frases. Al final es lo único que recuerda al gerente. No al gerente, sino a la frase.

Un negocio es una palabra compuesta: no-ocio.

EPÍLOGO

Aunque huyo de los ejemplos para entrar en el plano de la realidad y el ejemplo no es nuestra realidad, de lo que he leído y aprendido o visto el mejor ejemplo de gerente es el de un funambulista, que mantiene en un circo seis o siete pelotas en el aire con dos manos y subido en un monociclo, circulando sobre un alambre, y con la barbilla mantiene en equilibrio un palo vertical que sujeta un plato giratorio. Todo ello teniendo claro que no tiene red debajo.

Atiende el correo, el teléfono, a las visitas y las reuniones, pero esto no es nada. Generalmente, está rodeado de personas que respetan al máximo los horarios por aquella comparación sin sentido de que la familia es lo primero. Creo que no se debe mentar a la familia para excusarse. Más vale decir directamente que el trabajo es lo segundo, lo tercero o lo último.

El gerente camina entre empleados generalmente, en muchos casos cabreados o enfadados porque no tienen lo que ellos se merecen. A él es al que le llegan las reclamaciones de clientes con razón y sin razón (generalmente de las segundas) o lo ponen verde en algunas redes sociales por la causa que sea. Se ve obligado a aumentar su jornada laboral en cuatro horas de la jornada habitual por distintas razones ante las que no tiene más remedio: por encargos de órdenes superiores, por imprevistos, por quitar de en medio temas pendientes… Y es terrible que se le pueda comentar que si trabaja muchas horas es porque no sabe organizarse.

El gerente se informa de que de la noche a la mañana se le va, sin más, un empleado que considera básico, con el problemón subsiguiente; si una empresa tiene más trabajo en épocas concretas el gerente es, desde luego, el que tiene, por consiguiente, más horas de trabajo; al gerente se le pueden poner enfermas piezas clave en la empresa, lógicamente en los momentos más inoportunos, y sufrir el problema. Por muy bien organizado que lo tenga todo, tendrá un rosario de quejas.

Aparte de ello, tenemos una Administración pública que da enorme trabajo a las empresas. Me refiero de complicaciones, de inspecciones y de burocracia. Para conseguir una licencia de apertura, en muchos casos, te puede pillar la jubilación antes. No hay quien la firme en los ayuntamientos.

Si te dicen algo que te desconcierta porque tenías claro que era de otra forma y es opuesto a lo que pensabas, ten mucho cuidado, ponlo en entredicho mental. Seguramente te lo han explicado mal o el que te lo ha explicado lo entendió mal.

Generalmente, las cosas son como han sido, salvo poquísimas excepciones de cambio. Por ello, lo que vaya en contra de tu mente no lo des por bueno hasta que lo contrastes. Te darás cuenta muchas veces de que lo que te han dicho era incorrecto. Y si se lo dices al interlocutor te dirá que él no te dijo nada o que tú lo entendiste mal.

Todo dentro de un mar de problemas, donde el más importante es que la economía de la empresa funcione y no se caiga la empresa. El gerente es un psicólogo, un economista, un pintor, un tapizador, un conductor, un seductor.

En fin, el gerente vive en un mundo contradictorio; por ello, sinceramente, después de muchos años en el puesto de ejecutivo-directivo y después de gerente, digo que vivir jubilado es una bendición y que el gerente es un puesto no recomendable, a no ser que tengas unas características personales que yo no he poseído. ¿Las tienes tú?

En Antequera, a 10 de agosto de 2020,
primer año del coronavirus